RELATION

DE CE QVI S'EST PASSÉ
EN LA
NOVVELLE FRANCE
EN L'ANNÉE 1638.

Enuoyée au
R. PERE PROVINCIAL
de la Compagnie de IESVS
en la Prouince de France.

Par le P. PAVL LE IEVNE de la mesme Compagnie,
Superieur de la Residence de Kébec.

A PARIS,
Chez SEBASTIEN CRAMOISY Imprimeur
ordinaire du Roy, ruë sainct Iacques,
aux Cicognes.

M. DC. XXXVIII.
AVEC PRIVILEGE DV ROY.

TABLE DES CHAPITRES
contenus en ce Liure.

Relation de ce qui s'est passé dans le Pays des Hurons en l'année 1637. & 1638.   1

RELA-

RELATION

DE CE QVI S'EST PASSE' EN LA

NOVVELLE FRANCE

EN L'ANNEE 1638.

MON REVEREND PERE,

Puis que nous ne pouuons auoir de treue pour la Relation de ce qui se passe en ce nouueau monde, & qu'il en faut encor payer le tribut cette année, ie me comporte-ray enuers ceux qui la souhaittent, comme on fait enuers des estomacs desia rassasiés, ausquels on ne presente que peu de choses, & encor bien delicates, de peur de les débaucher. On est desia si remply des façons de faire de nos Sauuages, & de nos petits trauaux en leur endroit, que i'appre-hende le degoust ; c'est pourquoy ie diray peu de beaucoup, omettant des chapitres entiers, de peur d'estre accusé de longueur.

A

CHAPITRE I.

Des moyens que nous tenons pour publier &
amplifier la Foy parmy les Sauuages.

LA superstition, l'erreur, la barbarie, & en
suitte le peché, sont icy comme dans leur empire, nous nous seruons de quatre grandes machines pour les renuerser; Premierement nous faisons des courses pour aller attaquer l'ennemy sur
ses terres par ses propres armes, c'est à dire, par la
cognoissance des langues Montagnese, Algon-
quine, & Hurone. Quand les portes nous seront
ouuertes dans d'autres nations encor plus esloi-
gnées, nous y entrerons si Dieu nous preste secours. Or ie diray en passant sur ce poinct, que
plusieurs n'attendoient rien des vieilles souches
Sauuages. Toute l'esperance n'estoit que dans la
ieunesse; mais l'experience nous apprend qu'il n'y
a bois si sec que Dieu ne fasse reuerdir, quand il
luy plaist. Nous commençons à voir dans les Hurons & parmy nos Montagnets & Algonquins,
quelques familles professer publiquement la Foy,
& frequenter les Sacremens auec vne deuotion
& modestie qui n'a rien de Sauuage que l'habit,
Cette basse estime qu'on auoit de nos pauures
Sauuages errans, se doit changer en des actions
de grace & de benediction, comme nous verrons
cy apres.

Secondement comme ces peuples sont atta-

qués de grandes maladies, nous procurons qu'on
leur dresse vn hospital. On y trauaille maintenant
fort & ferme, selon que le païs le peut permettre,
Madame la Duchesse d'Aiguillon qui a jetté les
fondemens de ce grand ouurage, peut dés cette
année gouster les fruicts de ses liberalités. Car les
hommes qui trauaillent icy pour son dessein, ren-
dans cét hyuer quelque assistance à de pauures
Sauuages delaissés, Dieu les toucha tellement,
qu'en verité ie souhaitterois vne semblable mort
à celle qu'il a donnée à deux de ces barbares deuenus enfans de Dieu dans le sang de Iesus-Christ.

En troisiesme lieu, nous nous efforçons de
commencer des seminaires de Hurons, d'Algonquins, & de Montagnets. Nous en auons maintenant de ces trois sortes à Kebec, i'en diray deux
mots cy apres.

En quatriesme lieu, nous tachons d'arrester les
Sauuages errans. Ie confesse qu'il faut des chaines
d'or pour ce dessein, mais leurs ames sont plus precieuses que l'or & que les perles, c'est bien gagner
au change que de les prendre à cet appas. Vne personne de grande vertu a commencé de leur tendre
ce piege. Ayant gagé quelques hommes pour ayder ces pauures Barbares à se bastir, & à cultiuer
la terre. Il a pris du premier coup à cette diuine
attrappe deux familles, composées d'enuiron
vingt personnes; ie me trompe, il en a pris dauantage: car bien qu'on n'ait encor logé que ces
deux familles, il y en a beaucoup d'autres ga-
gnées par ce miracle de charité. C'est vne benediction de voir ces pauures Sauuages deuenus en-
fás de Dieu, les vns en effet par le sainct Baptesme,

les autres par deſir & par bonne volonté, nous en parlerons plus amplement en ſon lieu.

Voyla les quatre batteries qui détruiront l'empire de Sathan, & qui arboreront le drappeau de Ieſus-Chriſt en ces contrées. Ce ſont les mains & les cœurs de quelques perſonnes cheries de Dieu qui font ioüer ces machines par leurs bien-faits & par leurs prieres. Les Chapitres ſuiuans leur vont donner ſubiet de croire que leurs oraiſons ſont agreables à Dieu, puis qu'il ſe plaiſt à les exaucer, & par conſequent ie les coniure de nous côtinuer ce grand ſecours. Ie confeſſe ingenuëment ma puſillanimité, ie ne m'attendois pas le reſte de mes iours de voir de ſi puiſſans effets de la grace en des ames ſi barbares. Iuſques icy quelques Sauuages approunoient le Bapteſme en leurs enfans, & en leurs malades: maintenant ceux qui ſont en ſanté, & qui demeurent vne partie de l'année proche de nos habitations, l'honorent & le pourchaſſent auec affection pour eux-meſmes. Ce changement a eſté ſi ſoudain & ſi ſenſible, que ceux qui n'eſpe-roient quaſi rien de ces peuples errans, ont eſté contrains de confeſſer que le Dieu du Ciel eſtoit auſſi bien le Dieu des Barbares, que le Dieu des François. Ie ne parle point des Sauuages de Tadouſſac; ce ſont les moins diſpoſés de tous, mais de ceux qui ſe retirent ordinairement à Kebec, ou aux trois Riuieres. Nous en auons baptiſé plus de cent cinquäte cette année, ſans compter ceux qui ont eſté faits Chreſtiens aux Hurons. Ie ne rap-porteray pas tout ce qui s'eſt paſſé de remarquable en ces Bapteſmes, i'en diray peu, & ce peu r'aſ-ſemblé, approchera peut-eſtre plus pres de la longueur que ie ne deſirerois. Entrons en diſcours.

CHAPITRE II.

Du Baptesme d'vn Sauuage, & de quelques-
vns de sa famille.

I'Escriuy l'an passé les entretiens que nous auions eu auec vne escoüade de Môtagnets & d'Algonquins qui s'estoient campés proche de nous pendant l'hyuer, pource que la graine de l'Euangile ne germa pas si tost, que quelques vns attendoient, cela leur fit dire que c'estoit peine perduë de prescher des Sauuages, veu mesme que celuy qui tranchoit du Capitaine parmy eux, nommé Makheavichtichiou, n'auoit pas correspondu à l'esperance qu'on auoit eu de luy : C'est chose estrange, qu'on voudroit en vn moment introduire le Christianisme dans l'infidelité, la politesse dans la Barbarie, & il a fallu des siecles pour établir nostre creance dans l'Europe parmy des nations sedentaires & policées ! Or ie puis dire que cette graine sacrée qu'on ietta cét hyuer dans leurs cœurs, a rapporté au centuple.

Premieremét ce Capitaine Makheabichtichiou n'est point dans le desespoir de son salut, ie croy qu'il a la foy, quoy qu'il en soit, de la charité, il y a bien de la difference entre croire & obeïr à Dieu. Nous estant venu voir ce Printemps, il n'osoit entrer dans nostre maison, ie le tançay vertement, il m'escouta patiemment, puis il me repliqua : Si tu sçauois le regret qui me ronge le cœur, tu me porterois compassion au lieu de me tancer, ie pensois que tu m'interrogerois sur la creance que tu m'as

enſeignée, ie t'en euſſe rendu bonne raiſon , car
i'ay prié Dieu tout cet hyuer, & au lieu de me
monſtrer bon viſage, tu me reçois auec des reproches ? Tu me dis que i'ay touſiours pluſieurs femmes - penſe tu qu'on ſe defaſſe ſi aiſément de ſes
vieilles habitudes ? peut-eſtre que vous autres a-
ués eu autant de peine que nous, de quitter vos an-
ciennes couſtumes , quand on a commencé de
vous annoncer la Foy ? Preſcris moy laquelle tu
deſire que ie retienne de mes femmes, & ie chaſſe-
ray les autres. En vn mot, il eſt dans vne bonne diſpoſition, ie n'en parleray neantmoins qu'en paſſant, iuſques à ce que ie le voie Chreſtien, ſi Dieu
luy en fait la grace.

En ſecond lieu, le ſorcier nommé *Pigarouich,*
auec lequel nous auions eu quelques priſes, comme ie l'ay eſcry en la Relation precedente, a
bruſlé toutes les vtenſilles de ſon art , & iamais
plus ne s'en eſt voulu meſler depuis, quoy qu'on
l'en ait ſollicité pluſieurs fois en cachette, & par
de grands preſens, s'eſtant fait plainement inſtruire, il a fait des merueilles pour la Foy, mais pource
qu'il a terny ce luſtre par quelques actions de pró-
ptitudes, que nous ne pouuons ſupporter en vn
Catechumene, ie n'en diray pas dauantage, encor
bien qu'il nous ſoit venu depuis peu teſmoigner
ſes regrets iuſques aux larmes; s'il continuë forte-
mét à frapper, on luy ouurira les portes de l'Egliſe.

En troiſieſme lieu, la maladie s'eſtant iettée ſur
ces pauures peuples, tous ceux qui auoient aſſiſté
aux inſtructions que nous leur donnaſmes, ſe trou-
uans ſaiſis de cette épidimie, ſe ſont fait catechi-
ſer plus amplement, & pas vn d'eux n'eſt mort

ſans Bapteſme, s'il a peu auoir accés à quelqu'vn
de nos Peres.

  Mais enfin, celuy dõt ie vay parler eſtoit de cette eſcoüade, il fut touché viuement dés lors, quoy
qu'il n'en ait rien fait paroiſtre que cette année, ce
feu qui bruſloit ſon ame ne luy donnant aucun repos, il nous vint trouuer, & nous dit que dés les
premieres inſtructions que nous donnaſmes aux
Sauuages, ſon cœur auoit creu tout ce que nous di-
ſions de la grandeur de Dieu, & que pour cela il
enuoioit ſes enfans au Catechiſme, leur recom-
mãdant d'eſcouter attentiuemét ce qu'on leur en-
ſeignoit: Ie n'oſois pas, faiſoit-il, vous aborder, ny
ne ſçauois comment vous declarer les penſées de
mon ame, ie ſouhaittois que vous m'appellaſſiés.
En fin Negabamat (c'eſt le nom d'vn Sauuage, ſon
amy) me parlant du deſſein que vous auiés de
nous aider à deuenir ſedentaires, ie luy dis que ie
deſirois eſtre de la partie, non tant pour le ſecours
temporel que vous promettiés, que pour vous entendre parler du ſalut de noſtre ame: Il me ſemble,
diſoit-il, que i'ay eu dés ma ieuneſſe quelque petite cognoiſſance des choſes que vous enſeignés,
ie penſois ainſi à part moy, il y en a vn qui a tout
fait, de qui nous dependons, qui nous a donné la
vie, & nous fait trouuer dequoy la ſouſtenir, & celuy-là haït les meſchans. I'auois deſir de le cognoiſtre, c'eſt pourquoy ie me ſuis beaucoup reſ-
ioüy quand ie vous en ay oüy parler. En fin il nous
promit de venir paſſer l'hyuer aupres de nous pour
eſtre plus particulierement inſtruit. A peine eſtoit-
il Catechumene, que Dieu le mit dans de fortes
eſpreuues : il auoit vne belle & groſſe famille, la

A iiij

maladie se iette là dedans, & en liure vne bône partie à la mort: vne femme âgée sa parente, qui gouuernoit son mesnage, est enleuée en peu de iours:
sa propre femme, & deux de ses enfans meurent
deuant ses yeux, quelques-vns de ses parens & alliez demeurans auec luy, sont emportez en mesme
temps, il se consoloit sur leurs Baptesmes, car il n'y
en eut pas vn qui ne prit à sa mort vne nouuelle
naissance en I.C. Apres les auoir quasi tous ense-
uelis de ses propres mains, luy-mesme est terrassé,
le voila dans la mesme contagion que les autres:
& pour surcroist d'affliction, son fils aisné le croiât
mort, se marie contre sa volonté : c'estoit pour ac-
cabler l'esprit d'vn Geât, & pour resueiller les pê-
sées que plusieurs Sauuages auoient eu; que vouloir estre Chrestien , c'estoit vouloir partir de ce
monde. Mais Dieu qui tient le fond de l'Ocean en
repos durant la furie des vents, calma son cœur dãs
ces tempestes. Ce pauure hôme se iette entre nos
bras, qui ne luy estoient que trop ouuerts. Mr le
Cheualier de Montmagny , nostre Gouuerneur,
voiant la bonté de ce Sauuage, n'espargne rien de
tout ce qui luy pouuoit donner quelque soulage-
ment: il luy enuoye & perdrix & volailles , & autres oiseaux qu'on gardoit pour satable, ou plustost
pour les malades ; il n'espargne ny les confitures,
ny le trauail, ny la boutique de son Medecin &
Chirurgien tout ensemble. Veritablemêt ce grâd
cœur est loüable de n'auoir rien pour soy , que les
cœurs & l'amour de tous ceux qui sont sous son
gouuernement, il n'y a famille Françoise qui ne se
ressête de ses bôtez dãs son afflictiõ. Au bout du
côte, nostre Catech. alloit tousiours s'affoiblissant,

enforte que fe voyant à deux doigts de la mor, til
fit venir le refte de fes enfans, & leur dit: Mes enfans, croyez en Dieu, imitez en ce poinct voftre
Pere. Ie croy en luy auec autant d'affeurance
que fi ie le voyois de mes yeux, ne l'offécez point,
& il vous aidera. Ie fuis defia mort, quand mon
corps fera en terre, demeurez aupres des Peres, &
leur obeïffez. Ie ferois trop long de rapporter
tout ce qu'il leur dit. Il tira les larmes des yeux
de ceux qui l'entendoient. Les ayant fait retirer, il nous preffa de luy accorder le S. Baptefme.
Haftez vous, nous difoit-il, ie me meurs, ie
fuis preffé d'aller au Ciel. Quelquefois penfant
eftre feul, nous l'efcouftions d'vn lieu voifin, faifant fes prieres à Dieu auec vne tendreffe & vne
deuotion toute plaine de confiance. Enfin le
iour de la fefte du glorieux S. François Xauier,
M. le Gouuerneur, M. le Cheualier de l'Ifle, &
M. Gand eftans prefens, nous le fifmes Chreftien.
M. de l'Ifle le nomma François Xavier. Il tefmoi-
gna tant de cœur & tant de fatisfactió de cette faueur, que ces Meffieurs s'en retournerent tous
confolez. A huict iours de là, M. le Gouuerneur & M. de l'Ifle m'eftans venus prendre pour
l'aller vifiter dans vne petite Cabane où il s'e-
ftoit retiré pour mourir en paix & fans bruit, il
nous declara auec vne fimplicité toute naïfue
vne grande communication qu'il auoit eu auec
Dieu. Hier fur le foir, me difoit-il, penfant en
Dieu, ie me fuis veu entouré d'vne grande lumiere, i'ay veu les beautez du Ciel, dont tu nous
parles; i'ay veu la maifon de ce grand Capitaine qui a tout fait. I'eftois dans vn plaifir qui

ne se peut exprimer. Cecy disparoissant tout à
coup, ie rabbaisse mes yeux vers la terre, & vis vn
gouffre épouuentable qui m'a transi de peur. Il
me semble qu'on me dit, ne va pas là, ie n'auois
garde de m'en approcher ; car ie tremblois comme la feüille sur l'arbre poussée du vent. Cét
horreur s'euanoüissant aussi bien que la beauté
& la lumiere qui m'auoit enuironné, ie suis demeuré tout esperdu, auec vn desir de croire &
d'obeyr à Dieu toute ma vie, asseure nostre Capitaine que voila, que ie croy du profõd du cœur.
Or ie puis asseurer V. R. que nous auons fait nostre possible pour descouurir, si ce n'estoit point
vne fourbe ou vn songe. Nous l'auons sondé plusieurs fois & en diuers temps ; iusques là que le
croiant auoir l'ame sur les leures, nous le fisines
souuenir de cette vision, le menaçant d'vn ri-
goureux chastiment s'il mentoit en chose de telle
importance. Ce pauure homme espouuenté
s'efforça de se leuer en son seant, & nous dit d'vn
œil constant ; ie vous asseure en toute verité que
la chose est comme ie vous l'ay descrite. Ie ne
vous ay pas menty à la vie, ie ne vous mentiray
pas à la mort. A cela que peut-on dire autre chose sinon que le Dieu du Paradis respand ses benedictions aussi bien sur les Barbares, que sur les
Grecs. M. le Gouuerneur & M. de l'Isle le re-
tournans encore voir vne autre fois auec le sieur
Marsolet, qui entend fort bien la langue des Sauuages, furent si satisfaits, que le sieur Marsolet
m'assura puis apres qu'il luy auoit pensé tirer les
larmes des yeux, luy demandant s'il n'auoit point
besoin d'aucune chose qui fust en son pouuoir.

Non, repart-il, sinon que tu prie Dieu pour moy
tous les iours & tous les matins : Combien de
fois s'adreſſant à Dieu, luy a-il dit, vous eſtes mon
Seigneur & mon maiſtre, ordonnez de ma vie &
de ma mort, ie ſouhaitte la mort pour vous voir,
& ie voudrois viure pour le bien de mes enfans.
Sa famille l'affligeant, il diſoit. Que tout le
monde me quitte, ie ne vous quitteray pas. Eſtre
né Barbare & parler en ces termes, c'eſt publier
les bontez du Dieu des Scythes, & des Chreſ-
ſtiens.

Sa maladie tirant en longueur. Car il fut plus
de trois mois tantoſt dans vn peu de vie, maintenant quaſi dans la mort, il appelloit ceux qui
reſtoient de ſa famille, & leur donnoit des conſeils admirables. Enfin on fit tant de prieres pour
luy, nos Peres s'adreſſans à Dieu par quelques
vœux & par quelques mortifications, qu'au meſme temps qu'on l'auoit abandonné, & qu'on luy
donnoit comme à vn mort tout ce qu'il deſiroit,
Dieu luy renuoye ſa ſanté, le voila ſorty du tombeau auec l'eſtonnement des Frãçois & des Sauuages. Il s'en va chercher ſa prouiſion de chair
d'Eſlan dans les bois, il part en Mars apres tous
les Sauuages, & reuient en Auril, & ce pendant
il en rapporte plus que ſix autres enſemble. Au
retour il eſt accueilly d'vne tempeſte dans les glaces, il a recours à Dieu, fait prier ſa famille, il
ſort du peril qui l'alloit engloutir, & qui abyſma
l'vn de ſes canots chargé de viande. Comme il
vit que quelques vns de ſes gens ne prioient pas
de bon cœur, il leur dit, voicy que nous abor-
dons la maiſon des Frãçois où on a promis de me

loger. Ie ne veux perſonne auec moy qui ne croye en Dieu. Si quelqu'vn de vous autres n'a le cœur ferme, qu'il prenne ſa part de noſtre prouiſion, & qu'il ſe retire ailleurs. Il auoit deux femmes auãt ſon bapteſme, la plus forte & la plus ieune mourut Chreſtienne : L'autre qui n'a guiere d'eſprit ſe monſtroit froide en la foy. C'eſt à celle-là qu'il parloit tacitemét & à ſa ſœur; celle-cy reſpondit tout haut, qu'elle croioit deſia dans ſon cœur ; En effet elle fût baptizée peu de iours apres. Pour ſa femme, voyant qu'elle ſe renge vn petit, il ne l'a pas voulu repudier, quoy qu'elle ne le ſoulage quaſi point en ſon meſnage. Noſtre nouueau Chreſtien profeſſant hautement la foy, & publiant par tout que Dieu luy auoit rendu la ſanté du corps & de l'ame, deſira de s'approcher de la Sainte Table, il s'y prepara auec vne grande pureté, il fit vne bonne Confeſſion depuis ſon Bapteſme, ieuſna la veille du S. Sacrement, iour deſtiné pour ſa premiere communion. Monſieur noſtre Gouuerneur nous parla de luy donner l'vn des baſtons du Poeſle, ſoubs lequel on portoit le S. Sacrement, en prenant vn luy meſme par vne humilité vraymét genereuſe. C'eſtoit vn ſpectacle agreable au Ciel & à la terre, de voir ce Neophite couuert d'vne modeſtie vrayment Chreſtienne ſous vne belle robbe de Sauuage, porter le dais à la proceſſion auec la premiere perſonne du pays. Les Mouſquetades & les canons venant à bruire & à tonner, les autels & repoſoirs eſtant bien parez, donnoient ie ne ſçay qu'elle deuotion que noſtre nouueau ſoldat gouſtoit auec vne douceur incroyable. Enfin il receut celuy qui le venoit d'honorer publiquement, ne se pouuant saouler de le benir.   Il dit par apres à l'vn de nos Peres, ie ne me soucie plus des choses de la terre; Il importe peu que ie sois pauure ou riche, sain ou malade, puisque le Ciel m'est ouuert, & que mon vray Capitaine m'est venu visiter.   Quand vous me chasseriez, quand vostre Gouuerneur me rebuteroit, quand vous sortiriez tous de nostre pays, ie ne quitterois iamais Dieu.   Quel changement! cét homme qui a mangé plusieurs fois la chair de ses ennemis, reçoit maintenant IESVS-CHRIST auec vn cœur plein de deuotion! Ie confesse auec vne candeur toute n'aïfue! bref, il est dans l'exercice de la Religion, se comportant en vray Chrestien. Dieu luy face la grace de perseuerer iusques à sa mort.   Disons deux mots de ses enfans, il auoit trois garçons & trois filles; Dieu prit l'vn de ses garçons dans la contagion, & l'vne de ses filles doüée d'vne grace non cõmune aux Sauuages.   Pour marque que la foy estoit dedans son cœur, voyant vn Pere de nostre Compagnie qui la visitoit à la mort, elle s'escria en resuant, car elle auoit vne violente fiéure. Ah mon pere, ie m'en vay dans les feux, ie suis damnée. Cela fit voir que la crainte estoit dans son ame, le P. luy parlant de Dieu elle reuint à soy, se rassura, & mourut dans l'innocēce de son Baptesme.

    Sa sœur iumelle née à mesme iour, & quasi dans les mesmes perfections naturelles, se presentant aux sainctes Ceremonies du Baptesme, Monsieur nostre Gouuerneur la voyant si gentille, voulut estre son parrain : & ayant appris que no-

ſtre grande Reine ietoit parfois quelques re-
gards vers le Ciel pour le ſalut de nos pauures Barbares, quelle auoit meſme ſouhaitté qu'on eſle-
uaſt quelque ieune fille Sauuage en la Foy en ſa
conſideration, il luy fit porter ſon nom, l'ap-
pellant Anne. Cette nouuelle plante croiſt
tous les iours en la foy, frequentant les Sacremens à l'imitation de ſon pere : Il arriua certain
iour que celuy qui la deuoit entendre de confeſſion, l'inſtruiſant auparauant, & luy recomman-
dant la candeur, elle le regarda comme eſtonnée,
& luy dit; Ne m'auez vous pas enſeigné que c'eſt
à Dieu à qui on declare ſes pechez en la preſence
du Preſtre?le moyen donc de luy mentir, & de luy
cacher quelque choſe, puis qu'il ſçait tout !

Entre ces trois enfans baptizés, l'vn des Peres
que V. R. nous a enuoyés cette année, mettant
pied à terre, a receu à meſme temps en l'Egliſe de
Dieu le plus petit fils de noſtre Neophyte : reſte
encore à Baptizer ſon fils aiſné, & vne autre fille
plus ieune, que Dieu benira s'il luy plaiſt en ſon
temps.

Cette femme qui gouuernoit ſa famille ſe diſ-
poſant au Bapteſme, vit entrer la nuict en ſa petite Cabane vn animal gros côme vn ours. Croyãt
que ce fuſt vn demon, elle euſt recours à Dieu,
& cette beſte ou fantoſme diſparut, le lendemain
elle fut receuë dans l'Egliſe militante, & peu de
temps apres dans la triomphante.

CHAPITRE III.

De quelques autres Sauuages baptisez.

VN ieune Sauuage se voyant malade, demanda le Baptesme auec instãce, mais comme on le tenoit dans les épreuues; Ne voyés-vous pas, nous fit-il, qu'on me va mener à la mort? car mes parens me trainans apres eux dans les bois, ne manqueront iamais pour se deliurer de la peine que ie leur donneray de m'assommer, ou de m'abandonner seul dans ces grandes forests. Oüy, mais si tu gueris, luy dit-on, perseuereras-tu dans la foy que tu professe maintenant? comme il est d'vn naturel violent & assez orgueilleux, nous craignõs en luy l'Apostasie; Ne me parlés pas de guerison, respond il, ie vous demande le Baptesme comme vn homme qui s'en va à la mort. Là dessus il se leue en son scant, prie qu'on le face Chrestien, sa demande accomplie, on le voulut faire recoucher ; car il estoit fort debile, attendés, dit-il, que i'aye vn petit remercié Dieu du grand present que ie viens de receuoir. Apres son Baptesme il fust traisné en mille endroits, on ne l'assomma pas, mais on le fit bien souffrir; il fut quelquefois delaissé tout seul au coin d'vn bois auec vn peu de viures qu'on mettoit aupres de luy. Iamais ie ne vy homme tant endurer, ie ne croy pas que Iob fust plus pauure; car il n'auoit plus

que la peau colée fur fes os, & vne mefchante
efcorce d'arbre qui luy feruoit de lict, de robe, &
de maifon, il s'efcryoit par fois, ie hay mon corps,
ie ne crains point la mort, puis en pinçant fa peau
toute noire & affreufe à voir, ce n'eft pas cette
pourriture que i'aime, c'eft le Ciel où mon ame
doit aller. Les Sauuages s'en voulans deffaire firent courre vn bruit qu'il eftoit deuenu loup ga-
rou, & qu'il vouloit manger tous ceux qui l'ap-
prochoiét; comme nous eufmes appris toutes ces
belles nouuelles, nous le fifmes apporter, & le fe-
courufmes fi biē, que cette carcaffe reprit corps,
ce mort refufcita; & ce pauure muet delia fi bien
fa langue, que c'eft vn plaifir de l'entendre maintenant benir Dieu; il prefche fes gens, leur reproche leurs vices & leur ingratitude auec vne
liberté qui nous confole, & le bon eft qu'il
s'accufe le premier tout publiquement, d'auoir
autrefois commis les pechez qu'il reprend en eux;
il conçoit fi bien nos myfteres, que ie ne croy pas
que beaucoup de vieux Chreftiens procedent
plus fincerement & plus nettement au Sacrement de Penitence que ce Neophyte.

Vn autre plus ieune que luy fut auffi delaiffé
dans fa maladie, le Sauuage qui l'abandonna vint
trouuer vn de nos Peres, & luy dit, Vas t'en trouuer vn ieune garçon que i'ay laiffé en tel endroit,
pource que ie m'en vay à la chaffe dans les bois,
& ie ne le fçaurois traifner apres moy; Cela dit,
mon homme s'en va fans autre ceremonie. Nous
prifmes ce pauure enfant defia fait Chreftien par
le Baptefme, nous luy rendons toute l'affiftance
poffible l'efpace de plus de trois mois qu'il fuft en

noftre

noſtre petite maiſon ; Dieu le voulut appeller à
ſoy, il ſe confeſſa & receut le Sacrement de l'Ex-
treme-Onction. Vn peu deuant ſa mort, il nous
demanda qui eſtoient ceux qu'il auoit oüy chanter fort melodieuſement toute la nuict, ce qui
l'auoit recreé au poſſible, il penſoit que nous les
auions entendu, comme il diſoit cela ; il ſe monſtra eſtonné, & nous dit, ne voyez vous pas ces
gens là fort épouuentables qui me regardent d'vn
mauuais œil ? on le raſſura auſſi-toſt. Le ſoir
dont-il mourut la nuict, il appella fort vn de
nos Peres, qui accourut incontinent ; mais on
ne pût ſçauoir ce qu'il vouloit dire, il s'eſcrioit
ſeulement. Le Pere le ſçaura, le Pere le ſçaura;
quelques temps apres il rendit ſon ame bien-heu-
reuſe à noſtre Seigneur.

I'ay parlé dans les Relations precedentes d'vn
certain ſurnommé des François ; Le grand Oliuier, lequel fit baptiſer il y a deux ans ſa fille, &
puis apres ſa femme, ſe promettant bien de mourir Chreſtien auſſi bien que les autres : Ce bon-
heur luy eſt arriué non ſans vne faueur particuliere de Dieu, car il eſtoit fort ſuperſtitieux, & ne
manquoit pas d'eſprit pour deffendre ces niai-
ſeries ; Il ſe meſloit de diuiner. Or ſoit que le
diable ſe communiquaſt à luy par leur fremiſſe-
ment de mammelle, ſoit qu'il rencontraſt quelquefois par hazart, ie l'ay veu aſſurer qu'vne cer-
taine nouuelle qu'õ attendoit arriueroit le lendemain matin, & cela fut trouué veritable. Eſtant tõ-
bé malade, il nọ fit appeller, nous y allaſmeſtrois
de compagnie ; Ce bon homme deſia conuaincu
ſur ſes ſuperſtitions, nous dit : Ah mes chers amis!

vous me faites plaisir, ie n'ay plus de parolles qu'autant qu'il en faut pour vous tesmoigner que ie croy en Dieu; que ie renonce à nos badineries pour embrasser la Foy que vo⁹ m'auez enseignee. Là dessus il se voulut mettre à genoux, mais il n'eut pas assez de force, on luy confera le premier Sacrement de grace, & tout sur l'heure il passa dans la gloire.

Nous verrons quelques exemples bien plus notable que celuy que ie vay deduire, comme il ne faut point desesperer de la bonté de Dieu; nonobstant la barbarie des Sauuages. Vn de nos Peres abordant vne ieune fille malade pour la disposer au Baptesme, cette pauure creature l'apperceuant, luy dit; sors d'icy, ie ne te veux pas voir. Le Pere faisant semblant de ne l'a pas entendre, luy dit, ma fille, ie voudrois bien sçauoir où est ta plus grande douleur, pour y apporter quelque remede. La malade incitée par l'esprit malin, se tourne de l'autre costé toute en colere, ce que sa sœur qui l'a gardoit ayant apperceu, dit au Pere; n'entends-tu pas qu'elle te dit que tu t'en aille, & que tu luy romps la teste. Les deux Peres qui estoient là, recognoissant la tentation du diable, ont recours à Dieu, & le demon s'enfuit. Ma fille, dit l'vn de ses Peres, nous te voudrions donner vn bon conseil, & tu le mesprise; quoy donc, sortirons-nous sans que tu nous parle? à ces parolles elle se tourne la face, & s'escrie: Ah mon Pere, ie me meurs! ie n'en puis plus, c'est fait de ma vie! Non ma fille, vous ne mourez pas tout à fait, luy dit le Pere, si vous croyez en Dieu; car vostre ame ioüira d'vn plaisir eternel. Ie croy respondelle, ie croy, ie suis marrie de l'auoir offensé. On l'interroge sur les principaux articles de nostre creance, comme elle auoit assisté au Catechisme, elle respondit, fort bien ; on luy demanda si elle voudroit bien receuoir le S. Baptesme, elle respõdit, non de paroles, mais par effet ; car encore qu'elle fust aux abois de la mort, elle se sousleue doucement, met vn plat d'écorce sous sa teste, faisant signe qu'on versast dessus ces eaux sanctifiantes pour guerir les playes de son ame, on luy obeyt, on la fait Chrestienne, & à mesme temps citoyenne du Paradis ; Car en rabbaissant son corps vers la terre, son ame s'enuola dans les Cieux. C'est vne saincte pensée de mediter par fois, quels sont les estonnemens & les sainctes épouuentes, pour ainsi dire, qu'a l'ame d'vn Sauuage passant en vn moment de l'extremité de la barbarie, & de la bassesse dans le sein de la gloire. Quelle action de grace ne fait-elle point à ceux qui luy ont procuré cette grandeur, quelle benediction du Ciel, ne demande-elle point à Dieu pour ceux qui n'ont point espargné les biens de la terre, afin qu'on luy appliquast le sang de Iesvs-Christ. Passons outre, i'ay peur d'estre long.

CHAPITRE IV.

D'autres personnes adultes baptizées solemnellement.

LE feminaire des Hurons nous a donné cette
année deux ieunes hommes, auſſi conſtans
en la Foy que leur nation eſt variable & chan-
geante. Ie n'ay pas connoiſſance du futur, mais
ie ſçay bien que le ſejour qu'ils ont fait parmy
nous, les a fait iuger tres-diſpoſez pour receuoir
le caractere du Chreſtien. M. le Cheualier de
Montmagny en nomma vn Armand-Iean, du
nom de Monſeigneur le Cardinal, iugeant qu'il
eſtoit à propos qu'vn Prince de l'Egliſe qui fauo-
riſe cette Egliſe naiſsãte, en recueillit les premiers
fruicts.   Son compagnon eſt celuy qui ſe ſauua
l'an paſſé, des mains des Hiroquois par vne eſpece de miracle.   Monſieur Gand & Madamoi-
ſelle de Repantigny, ſes parain & maraine, l'ap-
pellerent Ioſeph, au nõ de Meſſieurs de la Nouuelle France.   Le Chapitre du Seminaire des
Hurons nous fera voir les bonnes diſpoſitions, &
les vertus de ces deux ieunes hommes vrayment
touchés de Dieu.   I'ay parlé dans les Relations
precendentes, d'vne ieune fille donnée à vne famille Françoiſe pour deux ans, à condition que
ce temps expiré elle ſe pourroit retirer aupres de
ſes parens ſi elle en auoit la volonté; Le terme
approchant, ſon pere la preſſa fort de le ſuiure:

elle fit la sourde oreille.   Il enuoie vn ieune homme pour luy parler de mariage : Et afin de gagner plus fortement son amitié, & la diuertir des
François, il luy fait present de braffelets & de
pendans d'oreille, & d'vn colier de pourcelaine,
ce sont les perles & les diamans du pays.   Cette
bonne Cathecumene agée de 12 à 14 ans, respondit en fuyant, laiffa là fes presens & celuy qui les
offroit sans luy dire vn feul mot. Ayans donc recognu fa constance, nous la difpofafmes au Baptefme.   Le diable s'y voulut oppofer, car elle fut
faifie d'vne efpece d'obfeffion fi violente, qu'en
vn moment elle tournoit la tefte auec vne defor-
mité fort horible, fon eftomac s'efleuoit deme-
furement : On la voyoit toute épouuentée sans
pouuoir dire autre parole finon, i'ay peur, i'ay
peur. Cecy luy arriua par trois fois, & toufiours
en des temps que pas vn de nous ne pouuoit eftre
appellé pour la voir en cét eftat On preffa fort
de luy faire prendre quelque medecine, pour luy
purger le cerueau, difoit-on.   Nous en auions la
volonté, mais l'oubly nous faififfoit incontinent.
Le Baptefme la deuoit guerir ; car depuis que les
eaux facrées l'eurent faite enfant de Dieu, iamais plus le diable ne luy donna cette épouuente;
Elle fut appellée Magdelaine de S. Iofeph. I'ef-
pere qu'vne ame cherie de Dieu luy trouuera fon
mariage.

   Le forcier Pigarouch, auec lequel nous eufmes tant de prifes l'an paffé, comme i'ay defia
dit, a inftruit & fait Baptizer fa femme, & trois de
fes enfans à la mort. Vn fien frere fe rendant opi-
niaftre, & fe moquant des feux d'Enfer, il le pref-

fa fi fortement qu'il le flechit. Comment, luy fai-
foit-il, tu crois que ton ame n'aura aucune connoiffance apres ta mort? Eft-ce toy, qui l'a creé
pour en parler auec cette opiniaftreté? Tu mets
toute ton affeurance en tes apprehenfions rem-
plies d'erreur, & moy qui croy en Dieu, ie m'ap-
puye fur fa parolle; c'eft luy qui a tiré les ames du
neant, & par confequent qui en peut parler auec
toute verité. La raifon t'apprend que celuy qui
ta donne l'eftre en demande quelque reconnoif-
fance fur peine de chaftiment. Il fit fi bien que ce
bon homme fe rendit, & fut nommé Chryfofto-
me.

Ayans baptizé vne bonne femme dans vne
groffe maladie, en forte qu'elle refpondoit auec
vne entiere connoiffance à toutes les demandes
qu'on luy fit, fans que iamais elle parut extraua-
guée, arriue qu'elle retourne en fanté, nous luy
demandafmes fi elle fe fouuenoit bien du nom
qu'on luy auoit donné. Non, dit-elle, ie ne fçay
pas feulement fi on ma baptizée. Mais ne te fou-
uien-tu pas, luy difmes nous, des refponfes que
tu nous a faittes touchant noftre creance. Non,
refpondit-elle, ie ne fçay ce que vous m'auez demandé, ny ce que ie vous ay refpondu, mais ie me
fouuiens bien qu'il me fembloit quand vous me
parliez que le Diable me vouloit tuer, & que
ie difois en mon cœur; c'eft bien à luy à m'offencer, puifque ie crois en Dieu, il n'en fçauroit
venir à bout. Ie me fenty par apres deliurée de
ce danger, ce fut fans doute par ce Baptefme.
Cette pauure femme fe comporte bien maintenant, fort ioyeufe d'auoir efté malade, pour auoir

receu vne faueur qu'on ne luy eut pas si toſt ac-
cordée. Ie ne ſçaurois me laſſer de dire que ceux
qui deſeſperent de la conuerſion des Sauuages,
font vne iniure à la bonté de Dieu ; Nous auons
ſecouru cét Hyuer vn ieune homme auec vne
grande patience, car ſa maladie a duré plus de
cinq mois. Apres toute la charité qu'on luy eut
fait, & l'inſtruction qu'on luy eut donnée, le Diable luy renuerſa quaſi la ceruelle. Ce pauure miſerable entre en fureur, blaſpheme contre Dieu,
proteſte qu'il ne croit plus en luy. Tout l'Hyuer,
faiſoit-il, ie l'ay prié, & ie m'attendois qu'il me
gueriroit, & me voila plus mal que iamais, qu'il
me damne s'il veut, ie ne m'en ſoucie pas. Ceux
qui entendirent ces blaſphemes creurēt incontinent que les Sauuages ne croyent que par inte-
reſt. C'eſt choſe eſtrange que le mal eſt mieux
receu que le bien. Tout le monde croit au premier recit toutes les ſimplicités que nous eſcri-
uons de ces peuples, mais ſi on remarque quelque traict d'eſprit, de bon ſens, en vn mot, quelque faueur de la nature, ou de la grace, cela eſt
comme reuoqué en doute. Qui euſt iamais crû
que noſtre blaſphemateur deuſt chāter les loüan-
ges de Dieu. Nous le fiſmes porter dans la Cabane de quelques Sauuages ſes parens ; & au
meſme temps que nous ne luy donnions plus aucun ſecours, ſinon de luy remonſtrer doucement
ſon peché, il fut ſi contrit, qu'il nous tira les larmes des yeux. Il demanda le Bapteſme, proteſta
qu'il eſtoit marry d'auoir offencé ſon Seigneur,
luy donne ſa vie ſans le prier de la prolonger d'vn
moment. Dit tout haut qu'il croit & qu'il veut

croire à iamais en celuy qui luy a touché le cœur;
on le baptize dans cette ferueur: le Diable sur-
uient à la trauerse; vn sien frere songe que si on
mettoit vn baston aupres de luy qui ressemblast à
vne couleuure, qu'il gueriroit : On en fait vn aussi-tost , on le place aupres de sa teste. Ayant eu
aduis de cette superstition nous l'allasmes visiter ;
comme nous luy demandions si ce baston n'auoit
point fait son corps, puis qu'on le mettoit auprez
de luy pour le refaire , il le prit & nous le donna.
Emportez-le, fit-il , afin qu'il n'en soit plus de
nouuelle , ils l'ont mis auprez de moy sans que
i'y aye aucune creance. Ie l'enuoye à V. R. encore qu'il n'ait autre rareté sinon qu'il fera vn lõg
voyage. Ayant suruescu quelque temps apres
son baptesme , il se confessa, & receut l'extreme-
Onction auec vn tel sentiment de deuotion que
sa face en estoit toute épanoüie. Nous luy demã-
dasmes, s'il ne craignoit point la mort. Non, ie ne
la crains plus depuis mon baptesme, au contraire,
ie desire fort d'aller voir mon Pere & mon Dieu.
Nous luy remismes en memoire quelques offences qu'il pourroit auoir faites depuis qu'il estoit
Chrestien, afin d'en demander pardon à Dieu : Il
pensa vn petit à part soy, puis il nous dit. Non, ie
ne suis pas tombé dans ces pechez. Car me pre-
sentant au Baptesme, ie fis mon compte qu'e-
stans enfant de Dieu ie ne le deuois plus offencer;
& puis il me semble que ceux qui sont baptizés ne
tombent point dans ces offences. Sa mort eston-
na ceux qui auoyent desesperé de sa conuersion.

CHAPITRE V.

De la conuersion & du Baptesme d'vn ieune homme, & de quelques autres Sauuages.

NOn est abbreuiata manus Domini vt saluare nequeat: neque aggrauata est auris eius vt non exaudiat. Dieu n'a pas les mains plus foibles, ny les aureilles plus fermées qu'il auoit il y a mille ans. Ces paroles nous seruiront de garend contre ceux qui prendroient les faueurs, que sa bonté commence à faire aux Sauuages pour des exagerations. Nous verrons en ce ieune homme vn triomphe de la prouidence & de la miseticorde du grand Dieu. Il y a tantost deux ans que Monsieur Gand, homme fort charitable enuers les pauures Sauuages, receuillit ce miserable à demy mort de faim, de froid, & de maladie, quoy qu'il fust tres-bien apparenté parmy les siens, il l'habille, le loge, luy procure des viures, & nous le met entre les mains pour l'instruire : on le presse par diuerses raisons ; on le fait prier Dieu soir & matin, il sçait la plusgart de nos mysteres, mais il ne les croit qu'en apparéce : en vn mot, il cherchoit la vie du corps, & non de l'ame. L'hyuer passé le froid continuë dans son cœur, dequoy nous apperceuans, nous le chassasmes comme vne personne qui nous suiuoit à la façon des chiens pour auoir du pain, il passe l'Esté auec ses compatriotes, parlant tousiours honorablement de nous ; sur l'Automne il luy arriue vne disgrace, faisant vne suërie, il tomba fur les pierres ardentes qui efchauffoient ce3 eftuues, il fe grilla & bruſla vne grande partie du corps; C'eſtoit chofe affreufe de le voir. Le voila donc auffi prés de la mort que de l'hyuer, car il connoit bien qu'il ne le paſſera iamais, s'il n'eſt fortement fecouru : ce qu'il n'attendoit point de fes gens, qui ne ſçauent non plus ce que c'eſt de charité que de chirurgie : il nous iette pluſieurs œillades, nous parle de retourner auec nous : mais nous n'auions plus d'oreilles pour luy, croians qu'il n'en auoit point pour Dieu. En ce mefme temps nous receufmes lettres de nos Peres des Trois riuieres. lefquels nous demandoient quelque ieune Sauuage pour paſſer l'hyuer auec eux, afin qu'en l'inſtruiſans ils fe formaſſent touſiours en la cognoiſſance de leur langue. Nous ne penſions guere a ce pauure corps tout roſty : mais en fin apres en auoir trouué d'auters qui nous manquerent de parole, nous fufmes contraints de leur enuoier ce pauure miſerable, qui n'auoit plus que la moitié de fon corps. O mon Dieu. quelle prouidence ! iis le font penſer, ils le traittent auec toute forte d'amour & de cœur; eſtant guery, cét homme de pierre demeura touſiours froid comme vne glace. En fin nos Peres ne pouuans fouffrir cette langueur, ont recours à Dieu, luy font quelques vœux par l'interceſſion du glorieux Apoſtre fainct Paul, prefentent le fainct Sacrifice de la Meſſe le iour de ſa conuerſion pour la conuerſion de cette ſtatuë infenſible. Chofe eſtrange ! le voila changé en vn moment, fon cœur eſt plain de regrets d'auoir ſi long temps refiſté à Dieu, il preſſe qu'on le baptize pour eſtre defchargé du fardeau de fes pechez, il ieufne de

ſoy-meſme, faiſant ſemblant de manger, & remet-
tant dextrement à l'eſcart ce qu'on luy donnoit
pour ſon viure : il paſſe dans la rigueur de l'hyuer
les heures entieres dans la Chapelle, attiré par vne
vertu ſecrette, qu'il adore ſans la cognoiſtre. Son
eſprit qui iuſques à lors auoit paru maſſif, & peſant
comme du plomb, ſe ſubtiliſe en ſorte qu'il conçoit ſans peine tout ce qu'on luy enſeigne de nos
myſteres. Nos Peres s'en eſtonnans, il reſpondit.
C'eſt vne faueur de mon bon Ange, auquel ie demande ſecours autant de fois que vous m'appel-
lez pour eſtre inſtruit. Comme on luy vint à parler
de la preſence de Ieſus-Chriſt au Sainct Sacrement, il fit vn geſte comme d'vn homme plein de
ioye. Ie ne m'eſtonne plus, fit-il, ſi ie prenois tant
de plaiſir d'approcher de l'Autel quand ie faiſois
mes prieres en la Chapelle : plus i'en eſtois proche, plus ie reſſentois de contentement dans mon
ame, ſans pouuoir comprendre d'où cela proce-
doit.

Ses parens ayant rapporté force chair freſche
de leur chaſſe pendant le Careſme, on luy dit qu'il
en pouuoit manger, puis qu'il n'eſtoit pas encore
baptizé. Il repartit, vous vous en abſtenez pour
vn bien, ie deſire me procurer ce bien à moy-meſ-
meſme. Pour le ſonder, on luy fit entendre que
le Bapteſme luy ſeroit peut eſtre occaſion de
mort, Dieu puniſſant la feintiſe de ſon cœur par ce
ſupplice. Il reſpondit en ces termes. Si le Bapteſme ne me doit faire mourir qu'en cas de feintiſe, ie
ne la dois pas craindre : mais quand il tueroit abſo-
lument mon corps, ie le demanderois pour faire reuiure ma pauure ame. Dieu eſt admirable dans

ſes procedures : à meſme temps qu'on promet le Sacrement de lumiere à ce pauure Catechumene, il luy oſte les yeux du corps, vne defluxiõ luy tombe en vn moment ſur la veuë, & le rend aueugle, ou peu s'en faut : car il ne voit pas aſſez pour ſe conduire. Ce coup ne l'eſtonna point, il tint ferme dans ſa reſolution, le diable n'euſt pas la force de reſueiller dans ſon ame l'erreur des Sauuages, qui s'imaginoient il n'y a pas long temps, qu'ils ne pouuoient procurer la vie de leur ame qu'en perdant celle du corps. Comme on le vit conſtant dans cette tentation, & dans cette épreuue que Dieu luy donna, on le mit au nombre des enfans de Dieu, il fut nommé Paul, ſuiuãt la promeſſe qu'on en auoit fait à ce grand Apoſtre.

Quelque temps apres ſon Bapteſme, nos Peres des Trois Riuieres nous l'enuoierent à Kebec auec vn mot de lettre, dont voicy la teneur. Le peu de viures que nous auons, & le grand nombre de Sauuages qui ont beſoin de noſtre ſecours, nous ont fait reſoudre de vous enuoier ce nouueau ſoldat de Ieſus-Chriſt, peut-eſtre encore luy pourra-on trouuer la bas quelque remede à ſes yeux. Au reſte, il eſt vraiement touché, il a vne humilité vraiment Chreſtienne, vne grande reſignation à la volonté de Dieu. Nous luy auons ſouuent demandé s'il ne s'affligeoit point d'auoir perdu les yeux : il a touſiours reſpondu que n'eſtanr pas maiſtre de ſoy-meſme, il falloit laiſſer agir Dieu, lequel eſtãt noſtre Pere cognoiſſoit bien ce qui nous eſtoit le meilleur. Tout de meſme, diſoit-il, que ſi mon corps n'euſt eſté bruſlé cét Automne, mon ame fuſt tombée cét hyuer dans les feux ; car i'euſſe

ſuiuy les Sauuages, & perdu la vie auec eux dans
la foibleſſe en laquelle ie me trouuois : de meſme,
peut-eſtre que ie perdrois la veuë du Ciel ſi Dieu
ne m'oſtoit la veuë de la terre. La Foy luy a fait
perdre la honte de parler de Dieu deuant ſes compatriotes, i'eſpere qu'il vous donnera de la conſolation.

Auſſi-toſt qu'il fut arriué, il ſe confeſſa & com-
munia, & le iour meſme il tomba malade, mais ſi
bruſquement & ſi fortement, qu'on me vint viſte
appeller pour le voir mourir. Eſtans aupres de luy,
nous lui demãdãmes en la preſéce desSauuages s'il
craignoit la mort, il ſouſrit doucement, quoy qu'il
fut extremement abbatu. Ie ſuis baptiſé, repliqua-
il, ie ne crains plus ny la mort ny le diable : Si ie ne
croiois pas en Dieu, i'aurois peur : mais Dieu eſtãt
auec moy, ie ne crains plus rien ſinon de l'offencer. N'eſtes vous point triſte de mourir ſi toſt,
luy fiſmes nous, demandez moy pluſtoſt, ſi ie ne
ſuis pas bien ioyeux d'aller au Ciel, que ceux-là
s'attriſtent de la mort, qui n'ont point d'eſperance
en Dieu, pour moy ie croy en ſa parole, i'eſpere en
ſa bonté, c'eſt pourquoy ie ne ſuis point triſte, ces
paroles nous toucherent d'autant plus, qu'elles furent profitables à ſes gens qui admiroient ce grand
changement en vn ieune homme de leur nation.
Ils furent encor plus eſtonnés, quand à peu de
iours de là ils le virent en ſanté contre leur eſperance : il frequente maintenant les Sacremens,
voire meſme il gouſte Dieu dans l'Oraiſon, voila
où la grace peut porter vn Sauuage, Dieu luy
donne la perſeuerance, car ſi les eſtoilles tombent
du Ciel, perſonne ne vit en aſſeurance.

Nous adiouterons à ce ieune homme la conuersion d'vne famille plus heureuse pour le Ciel que fortunée sur la terre. Vn grand homme bien fait & bien renommé parmy les Sauuages, apres nous auoir vn assés lõg temps presté l'oreille, nous aborda, pour nous tesmoigner les sentimés de son cœur: il nous dit, venant d'inhumer l'vn de ses enfans, i'ay l'ame remplie de tristesse, non de la mort de mon fils, mais de ce qu'il est mort sans baptesme. Or comme il eut appris que son enfant estãt mort en bas âge ne ressentoit point la peine du feu, pour n'auoir commis aucun peché actuel, il nous remercia fort de luy auoir enseigné vne doctrine si fauorable, disoit-il. Puis il adiousta, il court vn bruit là haut que vous auez écrit à vn grand Capitaine de France, pour nous ayder à loger à la Françoise, & à défricher la terre, cela est-il vray? Luy aiant respondu que cela estoit veritable. Souuenez-vous, dit-il, que ie suis des premiers qui me veux ranger sous vos drapeaux, ie ne seray pas seul, ie vous en ameneray plusieurs auec moy: mais vn poinct, faisoit-il, me tient en halene, si ce Capitaine auquel vous auez rescrit vous enuoie vn meschant papier, desisterez-vous de nous enseigner. A Dieu ne plaise, luy dismes nous, iamais nous ne vous abandonnerons. Voila, repart-il, le meilleur de vos discours, car ie ne veux m'arrester aupres de vous que pour le salut de mon ame. Sur ces entrefaites, se preparant pour faire vn voiage à Tadoussac, il nous dit plusieurs fois. Visitez souuët ma famille, si quelqu'vn meurt sans baptesme, vous en respondrez. Car nous voulons tous croire en Dieu. Vn autre mien fils est

malade, faites le Chreſtien au pluſtoſt,de peur de
ſurpriſe. Les iugemens de Dieu ſont des abyſ-
mes, ce bon homme lequel nous reſioüiſſoit iuſques au fond du cœur , non pour ſa ſeule conuerſ-
ſion, mais pour l'eſperance que nous auions que
pluſieurs imiteroient ſon exemple, tomba malade
le iour qu'il ſe deuoit embarquer , & dans quatre
iours apres,il eſt baptiſé & mis au tombeau. Trois
iours apres ſa femme eſt ſaiſie de meſme mal , ſe
ſentant frappée à mort , elle nous appelle,& nous
dit: L'amour que vous nous portez me fait croire
que ie ne peux mieux laiſſer mes deux petits fils
qu'entre vos mains, puiſque vous auez chery le
pere,cheriſſez les enfans ; ie vous les donne , elle-
uez-les en voſtre creance , & me baptiſez , car ie
ſuis morte. Comme on les tranſportoit,cette pauure mere les regardant,leur dit d'vne voix dolente,
Adieu mes enfans , c'eſt pour la derniere fois que
ie vous verray ça bas en terre. Cela dit, on la fait
Chreſtienne,& du Bapteſme on la porte au tombeau, ſes deux enfans ſont deux petits germes du
ſeminaire. Sur ces entrefaites,ſa ſœur arriue toute malade, c'eſtoit l'vne des meſchantes femmes
du païs , elle ſe meſloit de leur ſorcellerie,en quoy
elle reüſſiſſoit mieux que les hommes. L'affliction
ouure les yeux de l'entendement, cette miſerable
demande le Bapteſme,crie mercy à Dieu,proteſte
qu'elle croit, elle nous eſtonne par vn changement ſi ſubit,nous luy accordons ce qu'on ne luy
pouuoit refuſer ſans impieté. A peine eſt-elle
purgée de ſes offences qu'on la met en terre, ſon
mary ſe voiant chargé de ſon enfant encor fort
ieune,nous le donne pour eſtre mis auec ſes cou-

fins. La mort de ces deux pauures creatures n'em-
pefche pas que leur troifiefme fœur ne fe face
maintenant inftruire pour viure à Iefus-Chrift.
En mefme temps vn ieune homme bien inftruit,
frappé de la mefme contagion, recherchant le falut de fon ame dans les eaux du Baptefme, y trouua encor celuy corps: car il guerit à mefme tẽps
qu'il fut Chreftien.   Cette guerifon bien foudaine nous eftonna, d'autant qu'il eftoit aux abois
quand on le baptifa.   Reuenu à foy, il nous donna
fon petit frere pour le ietter au port de falut tant
pour le corps que pour l'ame. Vn Pere paffant aupres d'vne cabane fans entrer dedans, vne femme
fauuage luy dit en fe plaignant. Ie croy que tu ne
nous aime plus, puis que tu paffe fans nous vifiter:
le Pere foufrit à cette plainte, entre dans la Cabane, y trouue vne pauure femme fort malade, qui
luy dit, fiéd toy vn petit aupres de moy, car ie me
meurs, puis en luy monftrant fon petit fils, elle
luy demande la larme à l'œil, s'il ne voudroit pas
bien feruir de pere au pauure petit enfant qu'elle
alloit laiffer, le Pere la confola bien toft, il fit emporter ce petit innocent pour eftre efleué auec les
autres, puis comme cette femme eftoit baptifée, il
l'enquift fi elle ne feroit pas bien aife de fe confef-
fer des pechés qu'elle auroit cõmis depuis fon baptefme, elle le fit auec tant de preparation, & tant
de candeur, que le Pere demeura quelques iours
comme eftonné, voiant comme la Foy iettoit de
profondes racines dans les ames de ces pauures
Barbares.

  Quelque temps apres, vn Capitaine eftant tombé malade, & ayant receu le fainct Baptefme, nous
                                                    donna

donna fa propre fille âgée d'enuiron trois ou quatre ans , nous la faifons efleuer chés vne famille
Françoife , la mere de cét enfant ne la pouuoit
quitter qu'auec peine , mais ce bon Neophyte la
preffa tant qu'elle nous l'apporta elle-mefme, co-
gnoiffant bien qu'elle feroit mieux dans nos mai-
fons Françoifes, que fous l'vne de leurs cabanes.
I'obmets vn grand nombre de baptefmes, pour ne
paffer les limites que ie me fuis propofé , encoi
qu'on y peut remarquer quelque chofe de notable, quand ce ne feroit qu'vne prouidēce de Dieu
tres-particuliere. Par exemple, quelqu'vn de nous
entre par cas fortuit dans vne cabane, voit vn petit mouuement fous vne peau d'Eflan, trouue vn
enfant mourant, le baptize, & l'enuoye au Ciel à
mefme temps.

Vn Sauuage vient querir vn de nos Peres pour
aller baptizer vn malade dans fa cabane, le Pere le
fuit, tous deux paffent fur le fleuue glacé : à peine
font-ils à l'autre bord que la glace fe creue, & s'en
va à vaux l'eau s'ils euffent encor vn peu attendu,
ils eftoiēt morts. Entrés qu'ils font en la cabane, le
P. rencôtre vn enfant qui n'a plus que ce qu'il faut
de vie pour receuoir le S. Baptefme: eftant fait enfant de Dieu, il s'enuole au Ciel, & le P. retournant
fur fes pas, trouue le pont fur lequel il auoit paffé
mis en pieces: il reftoit encor vne groffe glace ef-
choüée fur les bords du grand fleuue, il monte deffus, appelle tant qu'il peut , afin qu'on le vienne
querir auec vn canot: on l'apperçoit, on y court, il
s'embarque, & la glace qui le portoit flotte auffi-
toft qu'il l'a quittée , & s'en va dans le courant de
la riuiere, vous euffiés dit qu'elle n'attendoit finon

que le P. fut en lieu de fauueté. Toutes ces rencontres font vn prodige de la prouidence de Dieu.

Vn Pere defcendant à Kebec, arriue en mefme
temps que ceux qui alloiēt vifiter les Sauuages qui
eftoient malades : il s'en va donc luy-mefme en
leurs cabanes, en baptize trois ou quatre à l'article
de la mort, s'en retourne d'où il eftoit venu, fans
qu'on ait quafi peu cognoiftre ce qui l'auroit peu
appeller au lieu où Dieu le conduifoit pour le falut de ces ames. Quant fa majefté veut fauuer vne
ame, tous les demons ne la fçauroient perdre. Vne
autre fois les Sauuages vindrent encor querir vn
de nous pour aller vifiter leurs malades, à quelques lieux de nos demeures, le P. s'embarque auec
eux, le diable preuoiant le bien qu'il deuoit faire,
ramaffe tant de glaces à l'entour de leur canot,
qu'ils furent contraints de fe defembarquer fur
vne ifle noiée, & couuerte d'vne feule glace. Les
Sauuages trouuerent l'inuention de faire du feu
fur ce foyer fans le fondre, ils coupent vn grand
arbre de bois blanc, lequel ne brufle guere au feu,
ils en font leur atre, allumēt du feu deffus, & pour
maifon & lict tout enfemble, prennent des mor-
ceaux de bois fur lefquels ils fe couchent auec le
P. & y paffent la nuict. Le matin ils fe r'embarquent : les glaces les enuironnent derechef, ils criét
au fecours : les Sauuages du lieu où ils alloient les
entendans, accourent, leur tendent de lōgues per-
ches, & les tirent des portes de la mort. Le P. ayāt
remercié Dieu de cette faueur, inftruit les fains &
les malades, en baptize quelques-vns, entre autres
vn enfāt qui perdit la vie auffi-toft : cela fait, il s'en
retourne auec facilité, admirant dans fon ame les
voyes que Dieu tient pour fauuer fes efleus.

CHAPITRE VI.

Des grandes dispositions d'vn Catechumene Algonquin.

IE ne sçay pas bô gré à ceux qui ont crû qu'on ne remarquoit dãs l'esprit des Sauuages aucun petit rayõ de lumiere, ny de cognoissance touchãt la Diuinité. I'ay autrefois escrit contre cét erreur. Voicy deux exemples qui le combattent. Vne fê-me, nous disoit-il, n'y a pas long temps qu'estant bien malade, elle eut vne pensée qu'il falloit qu'il y eust quelqu'vn qui la peust guerir, elle l'inuoque & recouure la santé: à quelque temps de là, disoit-elle, ie descendis vers Kebec, ie vous entendis par-ler de Dieu & de sa Toute-puissance, aussi-tost ie commençay à dire en mon cœur; voyla celuy que i'ay prié, & qui m'a guery, ie ne sçauois pas son nom, ie ne le cognoissois pas, il faut que i'escoute ce qu'on en dit pour croire en luy.

Ce ieune homme dont ie vay parler estant de-liuré d'vne maladie qui en auoit enleué plusieurs autres, philosophoit en cette sorte: Il faut bien qu'il y ait dans l'Vniuers quelque puissant genie qui m'ait conserué: car ie n'ay rien apporté à ma guerison, non plus que les autres, & si mon corps n'est point d'vne autre trempe, ie voudrois bien cognoistre ce bien-facteur.

Vne autre-fois estant seul, & contemplant sa main, il disoit : Ce n'est pas moy qui ay composé cette main, ny estêdu ces doigts, cela ne peut estre non plus attribué à mon pere ny à ma mere; car outre qu'ils n'auoient point de cognoissance quãd ma main se formoit, ils ne sçauroient donner aucun mouuement à leur ouurage: ils ne sçauroient faire ny auiron, ny canot, ny autre manufacture qui s'ouure & se ferme par vn mouuement secret comme font mes doigts: sans doute il y a quelque grand ouurier qui fait ces merueilles: fust-il ainsi que quelqu'vn m'en donnast la cognoissance. Ie prie V. R. de croire que ie n'adiouste rien aux pensées de ce Sauuage. Nous sommes dignes de reproche d'en auoir perdu plusieurs seblables, pour ne les auoir marquées sur le papier.

Ce bon ieune homme estant dans cette disposition, descendit par cas fortuit vers nos demeures: car il est de l'Isle, nation fort esloignée des François. Nous ayant entendu parler du grand Architecte de l'Vniuers, son cœur prend feu, il nous vient aussi-tost trouuer en particulier; le voila touché, plus on luy parle de Dieu, & plus il en veut oüir parler, il gouste à longs traicts cette eau sacrée qui altere en rassasiant, il deuient importun, mais d'vne importunité qui nous estoit fort agreable, on l'enseigne tous les iours deux fois, & apres vne grosse heure d'instruction, il demandoit permission d'aller à la Chappelle, pour demander à Dieu la grace de retenir ce qu'on luy auoit enseigné; au sortir de là il se retiroit pour l'ordinaire à l'escart dãs le bois pour ruminer à part soy ce qu'il auoit appris: rétournant en sa cabane, il en faisoit part aux siens auec vne ardente affection, accompagnée d'vne insigne modestie.

Quand il se sentit fortifié dans la Foy, il fit vn

festin à toûs les Sauuages qui estoiēt dans les cabanes voisines, pour leur décharger son cœur: estant
afsēblés, il leur dit: Mes chers cōpatriotes, ie vous
ay fait venir pour vous declarer publiquemēt que
dés ce moment ie quitte toutes les sottes coustu-
mes de nostre nation, & pour preuue de mon dire,
ie ne chanteray point, ie ne feray point les cris &
les bruits que nous faisons à nos banquets, mais ie
prieray Dieu & le beniray de ce qu'il nous a dōné
ce que ie vous preséte à māger de bō cœur; Voiés
si vous le voulés prier auec moy. A ces paroles les
voila bien estōnés, ils baissent les yeux, le suiuent
mot à mot dans les prieres qu'il presenta à Dieu.

Voicy vne autre preuue de sa foy; cōme nous lui
faisions quelque present pour gagner plus fortement son amitié, il le refusa, disant, qu'il ne croioit
point pour tirer aucune vtilité des François; tous
vos biens ne sauueront pas mon ame; c'est la Foy
seule que i'attends de vous; si ie prenois quelque
autre chose, ceux de ma nation s'imagineroiēt que
ie ne croirois pas en Dieu, mais en vous autres. Ie
souhaitterois vne seule faueur, c'est qu'on m'aidast
à deuenir sedentaire, afin d'estre auprés de vous
pour entendre la parole de Dieu. On parle icy
qu'on a desia bâty vne maisō prés de Kebec pour
ce sujet. Mādés, s'il vous plaist, au Pere qui en a la
conduitte, qu'il me fera plaisir de m'accorder la
mesme courtoisie qu'il pretend faire aux autres:
mais faites luy bien entendre, qu'encor qu'il m'es-
conduise, ie ne laisseray pas de croire en Dieu. Ce
n'est pas luy qui a fait mon ame, & qui luy doit
pardonner mes pechés: quand il n'y auroit plus aucun de vous autres sur le païs, ie ne pourrois pas

quitter Dieu. Il nous a dit iufques là, quand tous
les François me traitteroient auec rigueur, iufques
à me frapper, & me mettre en pieces, ie n'abandõ-
nerois point la Foy, car ce n'eft pas en eux que ie
croy, mais en Dieu. Cette foy eft accompagnée
d'vn grand zele qu'il a du falut de fes compatriotes, il les preffe inceffamment par viues raifons, il
nous les amene pour entendre la doctrine de I. C.
Quelques-vns faifãs la fourde oreille, il dit vn iour
au P. qui les enfeignoit. Allons, mon Pere, quittõs
ces opiniaftres; allons parler de Dieu aux nations
plus efloignées, ie m'affeure que fi elles entédoiét
ce que vous nous enfeignés ça bas, qu'elles rece-
uroient la Foy à bras ouuerts, & nous faifons les
retifs. Sa confiance en Dieu eft d'autant plus digne
d'admiration, qu'elle a commencé lors qu'il n'e-
ftoit encore que Catechumene. Eftãt biẽ efloigné
dans les bois où il eftoit allé à la chaffe, vne féme
de fon efcoüade tomba malade : cela les incõmo-
doit fort dedans leurs courfes d'abandonner cette
pauure creature, c'eft ce qu'il ne póuuoit plus gou-
fter, il s'adreffe à fon mary, & luy dit : Tu as appris
ce qu'on nous a enfeigné de la bonté & de la puif-
fance de Dieu, il eft maiftre de noftre vie, il nous
l'a donnée, il nous la peut rendre quand nous l'au-
rons perduë : priõs-le qu'il gueriffe ta femme, mais
prions-le de bon cœur, & nous confions en luy.
Ce bon homme & toute la cabane s'y eftant ac-
cordée, il fait mettre tout le monde à genoux, il inuoque la bonté de Dieu, & tous les autres prient
mot pour mot apres luy. Ce n'eft pas tout, defirãt
d'eftre exaucé, il paffa luy feul vne partie de la nuit
en prieres. Noftre Seigneur foit beny à iamais,

Deuant que le iour suiuant fut passé, cette femme trauailloit aussi gaiement, & auec autant de santé que toutes les autres.

Il experimenta le secours de Dieu dans sa chasse, tous les matins, & tous les soirs il faisoit prier Dieu à tous ses gens, & luy mesme luy adressoit ces paroles. C'est vous, ô mõ Dieu, qui m'auez fait, & par consequent ie suis à vous, vous pouuez disposer de moy cõme ie dispose des petits meubles que i'ay fait. Regardez-moy dõc cõme vne chose qui vous appartient: cõme l'vsage d'vn auiron que i'ay fait est à moy, aussi faut-il que l'vsage de mon corps & de mon ame, & de toutes mes puissances, que vous auez basties, soit à vous. Ie vous offre tout, & le corps & l'ame, & toutes mes actions, ie me repose sur vous de ma chasse, me souuenãt que vous estes mon Pere. Il s'en alloit auec cette cõfiance, & faisoit merueille, iamais il ne disoit, i'ay pris, i'ay tué, mais Dieu m'a donné telle chose. Retournant certain iour de la chasse, il sõgeoit à part soy aux prieres qu'on luy auoit enseignée. Sur ces entrefaites, il apperçoit vn Ours, le poursuit & le tuë, estant mort, il s'arreste tout court, cét animal n'est pas à moy, faisoit-il, car Dieu me l'a fait tuer, non par mes merites, mais en vertu des prieres que font les François. C'est donc à eux qu'il appartient, & non à moy: il l'apporte, nous le presente pour le distribuer, disoit-il à ceux qui faisoiët bien leurs prieres.

Ie ne sçay pas s'il a la charité, mais ie sçay bien qu'il en donne de grands indices. Entédãt vn iour vn de nos Peres parler de Dieu, il le deuoroit des yeux; & pour conclusion luy dit. Que ne suis-je eternellement auec toy: c'est la verité que ce Cate-

chumene ne fe laſſe iamais de ſēbiables diſcours, y
aiant paſſé les trois heures entieres, cōme on le rē-
uoioit de peur qu'il ne s'ennuiaſt, vous euſſiez dit
qu'on oſtoit le morceau de la bouche à vn affamé.
Ne craignez pas, diſoit-il, de me laſſer, i'ay prou
de regret d'auoir paſſé ma vie ſãs cognoiſtre Dieu.
Le plus grãd plaiſir que i'aye au monde, c'eſt d'en
ouir parler. Il alla bien iuſques dans cét excés, qu'-
ayant conſommé toutes ſes prouiſions, il s'abſte-
noit d'aller à la peſche où à la chaſſe, de peur d'e-
ſtre priué de nous venir voir, pour parler de Dieu
& de noſtre creance, paſſant quelquefois quaſi les
deux iours ſans manger. Nous en eſtans apperceu,
nous le repriſmes de cette ardeur déreglée, le ſe-
courant ſelon noſtre pouuoir. Ie ſçay bien qu'à
peine me croira-on, mais ie ne ſçaurois cacher les
merueilles de Dieu.

Il n'y a pas long temps que regardant vn Huron
fort âgé, il nous dit: Helas, que Dieu eſt bon! qu'il
eſt bon! il y a peut-eſtre ſoixante & dix ans qu'il
nourrit & qu'il conſerue ce vieillard, & ie m'aſſeu-
re qu'il ne luy a iamais rendu vne parole d'action
de graces! Si i'auois donné dix fois à manger à vn
homme ſans qu'il en fit aucune recognoiſſance, ie
ne le voudrois plus voir, nous dependons de Dieu
en toutes nos actions, & nous pēſons ſi peu en luy!

Il n'entreprēd iamais aucun voiage qu'il ne viē-
ne demander ſecours à N. Seig. dans la Chapelle,
& ſe recommander à nos prieres. Que vous eſtes
heureux, dit-il par fois, d'auoir cogneu Dieu dés
voſtre ieuneſſe, & de le ſçauoir prier. Pour moy depuis que i'en ay la cognoiſſance, ie pēſe inceſſam-
ment en luy. C'eſt vne choſe bien remarquable,

que les Sauuages fortement touchés, sont ordinairement deuots à leurs bons Anges. Reliſant les
memoires de nos Peres, diſperſés en diuers endroits, i'ay eſté eſtonné, conſiderant comme le
ſainct Eſprit va donnant les meſmes ſentiments
à ces Neophites. Car ſans ſe rien communiquer les vns aux autres ; ils demandent lumiere à leur bon Ange quand ils viennent pour
eſtre inſtruicts : ils ont les meſmes eſtonnemens
de la grandeur & de la bonté de Dieu, quoy qu'ils
les expliquent diuerſement. Noſtre Catechumene en a des ſentimens fort doux ; Oüy, mais
dira quelqu'vn, pourquoy retient-on encore au
nombre des Catechumenes vn homme ſi bien
diſpoſé ? Ie reſponds qu'il ne ſe faut pas trop
haſter dans les affaires d'importance. L'empreſ-
ſement qu'apportent les vaiſſeaux, nous a fair
differer ſon Bapteſme iuſques apres leur départ,
deuant qu'ils ayent ietté l'Anchre dans vos hau-
res ; ce bon Catechumene ſera Chreſtien.

Chapitre VII.

De quelques Sauuages errans deuenus ſedentaires.

CE Chapitre donnera de la conſolation à
V. R. & à toutes les perſonnes qui prennent plaiſir de voir regner Iesvs-Christ
dans nos grands bois ; Car il nous met dans vne
grande eſperance de la conuerſion des Sauuages,
ſi tant eſt qu'on les puiſſe ſecourir à la façon que
ie le vay deduire.

L'vn des plus puiſſans moyens que nous puiſſions auoir pour les amener à Iesvs-Christ,

c'eſt de les reduire dans vne eſpece de Bourgade,
en vn mot de les aider à defricher & cultiuer la
terre, & à ſe baſtir. Comme nous cherchions
touſiours quelque ſecours pour faire cette entre-
priſe, arriue qu'vne perſonne de vertu de voſtre
France bien cognuë au Ciel & en la terre, &
dont le nom ne peut ſortir de ma plume ſans luy
deplaire, me donna aduis d'vn deſſein qu'il auoit
de ſeruir Noſtre Seigneur en ces contrées. Il
gage à cét effet quelques artiſans & quelques
hommes de trauail pour commencer vn baſti-
ment, & pour defricher quelques terres, m'aſ-
ſurant dans ſes lettres qu'il n'auoit point d'autre
but en ce trauail que la plus grande gloire de
Dieu : Nous miſmes ſes ouuriers dans vn bel endroit nommé à preſent la reſidence S. Ioſeph,
vne bonne lieuë au deſſus de Kebek ſur le grand
fleuue. Monſieur Gand auoit pris ce lieu pour
ſoy, mais il le conſacra volontiers à vn ſi bon
deſſein. Les affaires eſtant en cette diſpoſition,
nous mandaſmes à ce bon Seigneur, qu'il feroit
vn grand ſacrifice à Dieu s'il vouloit appliquer le
trauail de ſes hommes à ſecourir les Sauuages. Il
falloit attendre vne année pour auoir reſponſe.
Cependant il arriue que demandans à vn Sauuage ſes enfans pour les mettre au Seminaire, il
nous reſpondit ; c'eſt trop peu de vous dóner mes
enfans, prenez le pere & la mere & toute la famille, & logez-nous aupres de voſtre demeure,
afin que nous puiſſions entendre voſtre doctrine,
& croire en celuy qui a tout fait. Nous luy de-
mandaſmes s'il parloit ſans feintiſe. Ie vous parle nettement, reſpond-il, ſelon les penſées de

mon cœur. Cecy nous fit resoudre de luy offrir tout sur l'heure la maison qu'on bastissoit en la residence de S. Ioseph, à condition neantmoins que que celuy à qui nous en auions refcrit n'en estoit pas content, qu'il en sortiroit. Ce bon Sauuage nommé des siens Negabamat, nous dit qu'il nous viendroit voir pour parler de cette affaire, & qu'il prendroit auec foy vn sien amy de mesme volonté. Il s'allia d'vn nommé Nenaskoumat. C'est nostre François Xavier dont i'ay parlé cy dessus. Ils nous vindrent trouuer tous deux en vn soir, & nous dirent; que les bonnes affaires se faisoient bien mieux dans le silence de la nuict, que dans le bruit du iour ; Et par consequent que nous leur donnassiós le couuert pour traitter auec nous de ce que nous leur auions parlé.

Le Soleil estant couché, & tout le monde en repos Negabamat me fit cette harangue. Pere le Ieune, tu es desia aagé, & partant il ne t'est plus permis de mentir ; Sus donc, prends courage, dis hardiment la verité. Est-il pas vray que tu m'as promis de nous loger en cette maison qu'on bastit, & de nous ayder à défricher, moy & vn autre famille ? Voicy Nenaskoumat auec lequel ie me suis associé, c'est vn homme paisible, tu le cognois bien. Nous venons voir si tu persistes en ta parolle, tous les Sauuages à qui nous auons parlé de ce dessein l'admirent, mais ils ne croient pas que tu le mettes iamais en execution ; prends garde à ce que tu feras. Si tu veux mentir, ments de bonne-heure, deuant que de nous engager dans vne maison pour nous en faire sortir. Nous sommes en quelque credit par-

my ceux de noſtre nation, s'ils nous voyoient de-
ceus par vous autres, ils ſe moqueroiét de nous, ce
qui 'nous facheroit. Cette harangue ſi naïfue
nous fit ſouſrire. Ie leur reparty que cette maiſon n'eſtoit point à nous, que les hommes
qui la baſtiſſoient, n'eſtoient point à nos gages,
mais que i'auois reſcrit en France à celuy qui
auoit entrepris ce deſſein de l'appliquer pour
le bien de leur nation, & qu'eux ſe preſentans les
premiers pour eſtre ſecourus, on les aideroit auſſi
les premiers, ſi nous auions de fauorables reſpon-
ces, qu auſſi ſe me promettois tant de la bonté de cét homme de Dieu, qu'il leur accorderoit
aiſement cette grande & ſinguliere faueur.

Ils nous firent là deſſus mille queſtions. Ce
grand homme à qui tu as reſcrit, n'eſt-il pas bien
auſſi bon que vous autres? Bien meilleur, luy diſ-
mes-nous. Voila qui va bien, repliquent-ils;
car puiſque vous nous voulés du bien, & que vous
nous en faites, ſi ce Capitaine eſt meilleur que
vous, il nous en fera encore d'auantage. Mais
eſt-il bien agé. Il l'eſt en effet, leur fiſmes-
nous. Ne mourra-il point bien toſt ? nous n'en
ſçauons rien. Prie-il bien Dieu? grandement
bien. S'en eſt fait, dirent-ils, nous ſerons ſecourus; car s'il prie bien Dieu, Dieu l'aimera, ſi
Dieu l'aime, il le conſeruera, & s'il vit long-téps,
il nous aidera, puis qu'il eſt bon. Vous pouuez
penſer ſi ce raiſonnement ſi naïf nous conſoloit.
Voicy, firent-ils pourſuiuant leur diſcours, encore vn autre poinct d'importance : comme nous
tirons deſia ſur l'aage, ſi nous venons à mourir,
ne chaſſerez vous point nos enfans de cette mai-

son, ne leur refuserez-vous point le secours que vous nous aurez donné. Leur ayant expliqué comme parmy nous les biens des parens appartenoient aux enfans apres leur mort, ils s'escrierent. Ho, Ho, que tu dis de bonnes choses, si tu ne ments point, mais pourquoy mentirois-tu, n'estant plus enfant.

Voila donc mes gens les plus contents du mõde: ils vont voir la maison qu'on bastissoit, ils ne se sçauroient saouler de la regarder, ils demandent d'y loger au Printemps, si tost qu'elle sera acheuée & meublée; cependant, disoit Negabamat, nous irons faire nostre chasse durant l'Hyuer. Nenaskoumat qui pensoit autant aux biés du Ciel, qu'au secours de la terre, nous dit tout bas, pour moy ie viendray passer l'Hyuer auprés de vous pour estre instruit.

Les voila donc separez, l'vn trauerse le grand fleuue pour aller chercher des Castors, l'autre se vient cabaner tout pres de Kebec. Les affaires de Dieu ne s'establissent que dans les difficultés, ils tombent tous deux fort malades à mesme temps. Qui n'eut pensé que tout ce dessein estoit renuersé? Nenaskoumat trouua la vie de l'ame dans la maladie du corps; il fut fait Chrestien & nommé François Xauier, comme i'ay desia remarqué. Pour Negabamat, nous ne luy pouuions donner aucun secours, estant trop esloigné de nous.

La bonté de Dieu qui a commencé cét ouurage, & qui le mettra en son dernier poinct comme nous esperons, nous rendit nos deux proselytes en bonne santé, non sans crainte, & sans beau-

coup de vœux & de mortifications qu'on luy pré-
senta.　Le Printemps venu, mes gens, se presentent à la maison qui les attendoit, on les reçoit
à bras ouuerts.　Leur cœur est tout plein de ioye,
les autres Sauuages d'étonnement, & nous de cõ-
solation, voyant les premiers fondemens iettés
d'vne bourgade, & en suitte d'vne Eglise qui
produit desia des fleurs & des fruicts tres-agrea-
bles aux yeux des Anges & des hommes. Ces
deux familles sont composées d'enuiron vingt
personnes, dont la pluspart sont desia baptisés,
le reste le sera bien tost s'il plaist à Dieu. De l'heure que i'escris cecy, il y a desia plusieurs mois
qu'ils sont ensemble dans vne chambre assez petite, & cependant ie puis dire auec verité que ie
suis encore à remarquer la moindre querelle ou
la moindre dispute qu'ils ayent eu par entr'eux.

Les autres Sauuages circonuoisins se vinrent
Cabaner à l'entour de cette maison demandans la
mesme faueur, mais ils voyent bien qu'on ne les
peut pas si tost secourir, nos maisons, ne se dres-
sent pas en deux heures commes leurs Cabanes.

Le bruit de cette assistance qu'on vouloit donner aux Sauuages se respandit incontinent dans
toutes les nations circonuoisines : cela les a tellement touchées que si nous auions les forces
de leur dõner les mesmes secours, on les reduiroit
toutes en fort peu de temps.　Et remarqués s'il
vous plaist vne grande benediction en cette affaire, pas vn n'espere estre logé ny secouru qui
ne se resolue d'estre homme de bien, & de se faire
Chrestien, si bien que c'est vne mesme chose en

vn Sauuage de vouloir eſtre ſedentaire,&de vouloir croire en Dieu.

Dans ces ioyes communes & publiques, vn
poinct tenoit nos deux proſelytes en haleine. Le
doute qu'ils auoient touſiours que cét homme de
bien qui faiſoit baſtir cette maiſon à ſes deſpens,
ne nous enuoiaſt point de bon papier comme ils
parloient, c'eſt à dire, ne reſpondit pas fauorablement à leur deſſein ; ils ſouhaittoient auec paſſion la venuë des vaiſſeaux. Enfin en ayant eu
nouuelles, ils nous vindrent trouuer,& nous demanderent ſi le papier venu de France eſtoit bon.
Ils auoient belle peur qu'vn mot de lettre ne les
fit ſortir de leur demeure,qu'ils cheriſſent extre-
mément ; Nous leur reſpondiſmes que les Peres
qui apportoient ce papier eſtoient en chemin , de
Tadouſſac à Kebec dans vne barque qui les amenoit. Comme ils virent que le vent les pouuoit
retarder, ils me demandent vn mot de lettre pour
les aller querir dans leur canot; ie leur donne auſſi toſt , & s'embarquent encore plus viſte : ils võt
comme le vent, abbordent la barque, enleuent
les deux Peres,& nous les amenent : Noſtre ioye
fut double, & de voir nos Peres en bonne ſanté,
& d'apprendre les ſainctes volontés de cét homme vrayment de Dieu , lequel accordoit ce ſecours aux pauures Sauuages auec vn cœur ſi de-
nué & plein d'amour que nous en reſtions tous
eſtonnés. Si toſt que i'en eus ouuert la bouche à
nos deux ſedentaires, ils triomphent de ioye,
font mille actions de grace à leur mode, & me diſent cent fois, que ie n'eſtois point menteur,, que
ce braue homme eſtoit vrayment Capitaine,

qu'ils connoiſſoient bien que i'eſtois maintenant
de leur nation, qu'ils alloient dire par tout qu'ils
eſtoiét auſſi de la noſtre, & que ie ne manquaſſe
point d'eſcrire vn bon papier en Fráce pour aſſeu-
rer ce bon Capitaine qu'ils ne mentiroient iamais
en ce qu'ils nous auoient promis de ſeruir Iᴇsᴠs-
Cʜʀɪsᴛ toute leur vie. Negabamat tenoit
ce diſcours. Pour François deſia Chreſtien, il
me dit que ſa grande ioye eſtoit de ſe voir auprez de nous pour pouuoir apprendre à mieux
prier Dieu.

Au ſortir de là ils publient par tout que nous
eſtions veritables, que nous eſtions leurs peres,
que nous voulions reſuſciter leur nation qui s'en
alloit mourant. C'eſt merueille, combien la charité de cét homme de bien a de puiſſans effets
ſur ces barbares; Ils nous preſſent maintenant, &
nous ne pouuons ſubuenir à tous. La difficulté
de baſtir en ce pays-cy, pour la longueur de
l'Hyuer, & pour les frais qu'il faut faire, eſtant
extreme. S'ils voient iamais vn hoſpital dreſſé,
& leurs malades bien logez & bien ſecourus, c'eſt
vn autre eſtonnement qui les rauira tous. La
pauureté du pays ſoulage peu ou point les grandes deſpenſes qu'il faut faire pour ces entrepriſes
vrayment heroïques; mais pleuſt à Dieu que ceux
qui peuuent fauoriſer ces entrepriſes viſſent du
moins vne ſeule fois les exercices de deuotion qui
ſe font tous les iours en la maiſon de ces deux
nouueaux ſedentaires. Si ie n'auois peur d'en-
nuyer, ie raconterois icy les grands deſirs qu'ils
ont de bien cognoiſtre Dieu, leur naïueté, leur
bonté naturelle, leurs queſtions gentilles, le contentement

rentement qu'ils ont de se voir logez non seulement à la Françoise, mais encore instruits en la
Foy. Nostre Seigneur les veille tenir sous la saincte protection. Ainsi soit-il.

CHAPITRE VIII.

De l'Estat present des Sauuages touchant la Foy.

POur faire conceuoir à V. R. la disposition
dans laquelle Dieu a mis nos Sauuages, ie luy
diray ce qui se passa au desembarquement des
quatre Peres qu'elle nous a enuoiés de renfort,
lesquels sont tous arriuez en bonne santé par la
grace de Nostre Seigneur. Mettant pied à terre,
ils baptizerent tous quelques Sauuages. Mais ce
qui les toucha plus viuement, fut que les ayant
menez à diuerses reprises en la residence de S. Ioseph, où demeurent ces deux familles dont
ie viens de parler, où s'estoit encore retiré quelque nombre de nos Sauuages, nous les fismes assister aux prieres & à l'instruction que nous don-
nons à ces pauures brebis égarées, qui ne demandent sinon qu'on leur ouure la porte du ber-
cail ; Le signal donné pour les assembler, ils viennent tous, hommes, femmes & enfans , excepté
fort peu, dont la pluspart sont malades ou gardent
les Cabanes. Ils quittent souuent leur souper,
ou leu leur jeu, ou quelque autre action que ce
soit pour venir aux prieres. Entrant en la Chapel-

le, ils saluënt l'Autel, puis se vont retirer auprés
des bancs qu'on leur a preparé à cét effet. Estans
assemblés, le Pere qui les instruit se met à genoux,
fait les prieres propre du matin & du soir, car
ils s'assemblent deux fois le iour, ils suiuent tous
le Pere mot apres mot, priant auec luy les genoux
en terre, & les mains iointes : apres les prieres ils
s'assoient, & le Pere leur explique quelque poinct
de la doctrine de IESVS-CHRIST, où refute
quelqu'vnes de leurs superstitions, eux demeurans
fort attentifs, & faisans par fois quelques interro-
gations pour estre mieux éclaircis. Apres ce discours, ils chantent tous, ou le Symbole des Apo-
stres, ou l'Oraison Dominicale, ou les Commandemens de Dieu, ou quelque autre hymne en
leur langage auec vn accord bien agreable ; En
suite, ils se remettent à genoux, demandent à Dieu
la grace de retenir ce qu'on leur a enseigné, font
la reuerence à l'Autel & s'en retournent en leurs
Cabanes. Les Peres nouuellement arriués estans
dans la Chapelle, & voyans cét agreable spectacle,
parlerent du cœur des yeux & de la bouche, &
nous dirent; On ne croit pas en France ce que nous
voions. Quoy que vous nous en ayez rescrit quãd
nous estions encore à Tadoussac, il falloit se seruir
de nos yeux pour voir vne si grande benediction.
Nous voions bien maintenant que les miracles ne-
cessaires pour conuertir ces pauures peuples, c'est
de les aider à demeurer & viure par ensemble, &
qu'en leur faisant tirer leur nourriture de la terre,
vous leur ferez ioüir des biens du Ciel.

Or ce n'est pas seulement en la residence de S.
Ioseph qu'on fait prier les Sauuages, & qu'on les

instruit, le mesme se fait aux trois Riuieres où ils
se monstrent égallement affectionés à nostre
creance : *Hæc est mutatio dexteræ excelsi*, c'est
vn changement de Dieu bien soudain : Car l'année passée ils n'estoient point en cét estat. Voicy
vn exemple qui fait voir le respect qu'ils portent à
nos prieres. Vne femme estant tombée en phrene-
sie par la violence de la fiéure, renuersoit tout dans
sa Cabane ; vn Pere y arriuant pour les faire prier
Dieu, cette pauure incēsée se mit à genoux aupres
du Pere, sans donner aucune marque de sa folie ; &
autant de fois qu'on alloit faire les prieres, autant
de fois paroissoit-elle en son bon sens, hors de là
elle estoit phrenetique. Ie ne cognois plus aucun
Sauuage qui ait demeuré quelque temps aupres de
nos habitations, qui ose publiquement resister à
nostre Foy. Ie ne dis pas que tous la suiuent ou
en ayent enuie, mais I e s v s Christ est maintenant si cognu parmy eux, que pas vn n'en ose-
roit parler mal à propos deuant nous. Il n'y a plus
que ceux qui ne nous ont point encore entēdu qui
fassent difficulté de nous presenter leurs enfans &
leurs malades au Baptesme. Ces eaux sacrées
ayant sauué la vie par fois à quelques familles entieres, sont maintenant en grād credit parmy eux.

Si plusieurs ne demandent pas le Baptesme, c'est
qu'ils s'en iugēt indignes ; d'autres ne voulant pas
quitter leur vices, approuuent nostre creance, mais
ils la croyent facheuse & difficile. C'est vne marque que le S. Esprit est l'Esprit de l'Eglise, puisque
pas vn Sauuage n'a pas plustost la volonté d'y entrer, que d'estre homme de bien. Ils s'imaginent
que ceux qui sont baptisez doiuent quitter leurs

D ij

pechez & leurs vices, pour mener vne vie nouuelle, ce qui eſt veritable.

Les Sorciers & les Iongleurs ont tellement perdu leur credit, qu'ils ne ſoufflent plus aucun malade, & ne font plus ioüer leur tambour ſinon peut-
eſtre la nuiĉt, où en des lieux écartez; mais iamais
plus en noſtre preſence. On ne voit plus de feſtins
à tout manger, plus de conſultes de demons: Tout
cela eſt banny de deuant nos yeux, les autres ſu-
perſtions s'eſtoufferõt petit à petit. Quand quelqu'vn d'eux s'en ſert, il fait ce qu'il peut afin que
nous n'en ſoyons point aduertis, de peur d'eſtre
tançez. Si tous les Sauuages eſtoient arreſtés cõme
ces deux familles ſedentaires dont i'ay parlé cy-
deſſus, nous ne ferions point difficulté de les baptiſer bien-toſt. Car vous les entendriez demãder à
Dieu la grace de croire en luy, de luy obeyr, & de
iamais plus ne l'offencer. En vn mot, c'eſt tout de
bon que pluſieurs de ces pauures Sauuages penſét
à leur ſalut. Il n'eſt pas iuſques aux enfans meſme
qui ne prennent plaiſir d'eſtre inſtruits. Vn Pere
leur faiſant vn iour le Catechiſme à l'air, la pluye,
ſuruenant, cinq ou ſix petits garçons prirent vne,
grande eſcorce, qu'ils taſchoient d'eſleuer ſur la
teſte du Pere pour le mettre à couuert. Cette aĉtió
pleine d'innocence monſtre que Noſtre Seigneur
prend encore plaiſir qu'on luy amene des enfans.
Quelques Sauuages des Attikamegues, de la natió
des Porcs-epics, & de l'Iſle, ont demandé le meſme ſecours qu'on donnoit aux autres, notamment
pour eſtre inſtruiĉts. Helas, ſi le pays eſtoit plus
facile à faire reüiſſir, ou ſi pluſieurs mains s'ouuroiét
à ces pauures barbares, qu'on feroit vne belle

Eglise! Ce que fait ce grand homme, dont i'ay
parlé cy-deſſus, en la reſidence de S. Ioſeph proche de kebec, il le faudroit faire encore aux trois
Riuieres, à la riuiere des prairies, & aux nations
plus hautes; Ce ſeroit le moyen d'amener des ames
à IESVS CHRIST, peut-eſtre que nous en-
uoierons à ce Printemps vn de nos Peres à l'Iſle, où on dit que la petite nation des Algonquins
s'eſt retirée. Voila en general l'eſtat de cette Egliſe naiſſante. Les chaſtimens arriués à quelque mé-
creans, & les faueurs accordées à ceux qui ont eu
recours à Dieu, n'ont pas peu ſeruir pour en reduire quelqu'vns à leur deuoir. Vn miſerable Sauuage ſe gauſſant fort de noſtre creance, deuint
phrenetique au milieu de ſes gauſſeries. Comme
il eſtoit ſale & impudent dans ſes folies, les Sauuages pour s'en défaire luy attacherẽt vne corde au
col & au pied, qu'ils ramenent contre ſa cuiſſe,
afin que venant à s'eſtendre & à bander cette
corde, il s'eſtranglaſt ſoy-meſme. Là deſſus
ils font ſa foſſe, & diſent qu'il eſt mort : Nos Peres ſuruenans, le voyent remuer ſous vn bout de
couuerture, l'ayant deſcouuert, couppent viſte la
corde qu'il auoit au col, mais trop tard, il eſtoit
déja eſtouffé : il mourut incontinent apres. Vn
autre reſiſtant publiquement à la Foy, donna vn
coup de pied à vn de nos Peres qui baptiſoit vn
enfant dans ſa Cabane; à quelque temps de là il
eſt emporté par vne maladie auſſi fâcheuſe cõme
elle eſtoit eſtrange. Les Sauuages ont meſme recognu en quelques vns que Dieu leur dénioit le
bapteſme à la mort, dont ils s'eſtoient mocqués
pendant leur vie. Laiſſons ces triſtes diſcours,

D iij

voicy quelque chose de meilleur.

Deux icunes Sauuages s'estans embarqués cét
Hyuer dans vn canot pour porter des viures à
quelqu'vns de leurs gens au delà du grand fleuue,
furent tellement assaillis des glaces, qu'en vn moment leur canot & tout ce qui estoit dedans fut
froissé & mis en pieces. Eux se iettent sur vne grã-
de glace portée auec impetuosité par le courãt de
la marée. Ils s'attendoient à tous coups que cette glace venant à se briser, ou à se culbuter contre les autres, ils couleroient à fond. De secours,
ils n'en pouuoient esperer ; car outre qu'il estoit
nuict, la riuiere estoit si chargée de glaces, qu'hõ-
me du mõde n'en eust osé aborder. Se voyãt donc
pourmenez plus d'vne grande lieuë loing, plus
prés de la mort que de la vie, l'vn des deux dit à
son compagnõ qui se mesloit de leurs sorcelleries,
ou de leurs iongleries, sers toy maintenant de ton
art pour nous sauuer la vie. L'autre respondit, il
n'est pas temps de penser à cela, mais bien à ce
que les Peres nous enseignent. Ils disent que nous
auons vn Pere au Ciel qui peut tout, & qui voit
tout, que t'en semble, si nous le prions, seroit-ce
pas bien fait ? Son camarade s'y accordant, celuy-cy fit la priere tout haut, & à mesme instant
la glace qui les portoit au milieu du grand fleuue,
tire à bord au trauers de quantité d'autres, ils quittent d'vn plein saut ce pont flottant, à peine estoiét
ils à bord, que cette glace qui les auoit amené au
port de salut, s'alla briser entre mille autres en vne
pointe qui leur eust seruy de sepulchre. Ces pauures gens bien estonnés, publierent par apres comme ils auoiét esté sauués: L'vn d'eux est desia bap-
tisé, & sa femme & son enfant; le sorcier a quitté

toutes ſes badineries, & nous a promis de ſe faire inſtruire.

Dans la grande contagion qui a maſſacré quaſi tous ces peuples , ſans s'attacher aux Fran-çois , quelques-vns ayans eu recours à Dieu tout de bon , ſont rechappez des portes de la mort. Le Bapteſme a ſauué la vie à pluſieurs : Car en verité il n'y auoit ailleurs aucune eſperance de gueriſon pour eux ſelon toutes les raiſons humaines ; Tout cela joint au ſecours qu'on donne à ces pauures Sauuages a faict brêche dans leurs cœurs. I obmets vne infinité de bons ſentimens que Dieu leur donne pour trouuer la fin de ce Chapitre.

Chapitre IX.
Du Seminaire des Hurons.

ON a touſiours bien iugé que les puiſſances d'Enfer banderoient toutes leurs forces con-tre le deſſein de ce Seminaire,& de leurs ſemblables : & que s'il auoit à reüſſir comme on a beau-coup de ſujet de l'eſperer , ce ne ſeroit qu'apres auoir ſouſtenu pluſieurs batailles & eſſuyé tout plein de diſgraces. Nous viſmes l'an paſſé comme il penſa eſtre eſtouffé dans ſon berçeau : Voicy la ſuitte des efforts de ces malheureux eſprits , qui veillent continuellement à la ruine des hommes.

Les ieunes Sauuages Hurons qui auoient paſſé l'année d'auparauant auec nous au Seminaire de Noſtre-Dame des Anges , en auoient dit tant de bien à leurs compatriotes , deſcendus l'année d'a-pres pour la traitte , qu'ils firent venir l'enuie à pluſieurs de ſe preſenter pour y eſtre receus ; mais il ne fut pas poſſible de donner ſatisfaction à tous,

D iiij

on fe contenta du nombre de fix , l'vn defquels fut bien-toft apres befbauché par vn de fes parens qui le ramena au pays,de forte qu'il n'en refta que cinq, les deux qui nous eftoient demeurez de l'an paffé , & trois nouueaux. Mais comme les deux anciens faifoient iugement du bon-heur de leur demeure en ce lieu,plus par le fuccés & par le profit de l'efprit,que par l'agréement de la nature corrompuë; Les nouueaux venus au contraire, n'y pretendans que la fatisfaction de leurs plaifirs & fenfualités,l'iffuë des vns & des autres a efté bien differente. Car ces nouueaux hoftes s'emportans felon leur couftume au larcin , à la gourmandife, au ieu à la faineätife,aux méfoges,& à femblables defordres , ne purent fouffrir les aduertiffemens paternels qui leur furent donnés de commencer à chäger de vie, & fur tout les reproches tacites des exemples de leurs compagnons,qui eftoient autät dans la retenuë,que ceux-cy eftoient dans le defordre & dans le déreglement. Ce fut lors que le malinefprit prit fon temps,& leur fit enfin prendre la refolution de s'enfuir; Pour cela il falloit vn canot des viures, & dequoy en auoir par les chemins : ils font fi bien par leurs larcins , par leurs feintes & par leurs diffimulations, qu'ils fe trouuent fort bien equipés, & vn beau matin ils s'en vont à la dérobée,enleuant tout ce qu'ils peurent fans qu'on en ait eu depuis aucune nouuelle.

Voyla donc derechef le Seminaire reduit au petit pied, & au nombre de deux : ce qui n'eft pas arriué fans vne fpeciale prouidence de Dieu : Car d'vn cofté les Sauuages du païs ayant efté malades extraordinairement , on a eu le moien d'en affifter dauantage qu'on n'euft fait, & de

ſauuer les corps & les ames de pluſieurs, reduits à
l'extreme neceſſité: De l'autre les anciens Semina-
riſtes demeurans ſeuls, n'ont receu aucune altera-
tion dans leur bonne diſpoſition, par le mauuais exemple & par les mauuais diſcours des autres ; ce
qui eſtoit quaſi neceſſaire pour les eſtablir dans l'e-
ſtat auquel en fin par la grace de Dieu, on les a veu
apres leur Bapteſme auec edification, & ſatisfaction d'vn chacun : tout le monde aduoiiant qu'on
ne pouuoit deſirer plus de pieté, plus de douceur,
& plus de retenuë dans des Chreſtiens de naiſſance : voicy ce qu'en eſcrit leur inſtructeur.

Armand-Iean qui a eſté baptiſé le premier, a
l'eſprit bon & le iugement aſſés ferme : ie ne l'ay
point veu chanceler depuis qu'il a conceu ce qui
eſt de noſtre creance, il eſt porté à ſe vaincre dans
ſon naturel vn peu bruſque, en quoy il n'a pas peu
profité.

Parlant vn iour auec ſon compagnon de l'indiſ-
ſolubilité du mariage, comme il voioit de grandes
difficultés parmy ceux de ſa nation touchant ce
poinct, il monſtra d'eſtre fort en peine. Car ou
nous nous marierons, ou non, diſoit-il, ſi nous pre-
nons femme, la premiere quinte qui la prendra, elle nous quittera là, & partant nous voila reduits à
vne vie miſerable, attendu que ce ſont les femmes
en noſtre païs qui ſement, qui plantent, & qui cul-
tiuent la terre, & qui nourriſſent leurs maris. De
refuir le mariage parmy les Hurons, c'eſt ce qui
demande vne chaſteté que noſtre païs n'a iamais
cogneu. Que ferons-nous donc ? Pour moy, dit
ce braue ieune homme, ie ne prendray iamais de
Huronne, ſi ie n'y voy vne conſtance extraordi-

naire, ie rechercheray vne Françoiſe, ſi ie ſuis écõ-
duit, ie ſuis en reſolution de viure & mourir chaſte.
Remarqués qu'il n'eſtoit pas encore baptiſé. Pendant l'hyuer il a bien le courage de ſe faire quelquefois violence, par le motif d'vne patiẽce vraiement Chreſtienne, ſoit à tenir ſes mains dans l'eau
glacée, ſoit à y enrrer par fois iuſqu'à la ceinture,
ſous pretexte de quelque neceſſité qui s'en preſente, ſoit trauaillant teſte nuë quand il pleut, lors
meſme que tous les autres ſe mettent à couuert.
Ce n'eſt pas là l'humeur des Sauuages qui ne cognoiſſent pas Ieſus-Chriſt.

Il eſt de ſi bon exemple parmy les ouuriers, que
iamais il ne mettra la main à l'œuure, qu'auparauant il n'ait leué le cœur & les mains à Dieu pour
luy dedier ſon action. Au reſte il s'applique ſi bien
à tout ce qu'on luy commande, qu'il n'y a trauail
auquel il ne reüſſiſſe paſſablement.

Depuis ſon bapteſme il ſe confeſſe & ſe commu-
nie tous les huict iours auec vne deuotion & vne
modeſtie qui nous fait recognoiſtre en luy la preſence de la grace. Sur tout il a vne auerſion grande
du peché, nommément de l'impureté. Il ne faut
que ſe figurer les debordemens d'vn Sauuage lu-
brique pour admirer ce que ie vay dire : Se ſentant
attaqué la nuict en ſonge de quelque penſée mel-
ſcante, il ſe leue en ſurſaut, ſe met à genoux pour
prier Dieu iuſqu'au ſon de quatre heures pour le
leuer : Alors il me vient trouuer auec tant de con-
fuſion & d'humilité, qu'il me fut aiſé de cognoiſtre que le Prince des ſuperbes ſauoit quitté la place. Il s'accuſoit comme coulpable d'vn grand acte
de vertu qu'il auoit exercé. Il deſiroit fort ieuſner

les Vendredis & les Samedis de l'année, pour la deuotion fenfible que Dieu luy communique à la paffion du Fils, & aux douleurs de la Mere; mais nous le contentafmes fur ce que noftre Seigneur auroit efgard à fa bonne volonté dans fon trauail, voicy vn trait de fa grande refignation. Il auoit vne iambe gelée, fon compagnon voulant aller à la chaffe, & ne fçachant rien de fon incommodité, le preffe de luy tenir compagnie, luy de peur de luy déplaire, fe leue de grand matin, & fe difpofe comme s'il euft deu partir quant & luy, durant la Meffe il prie Dieu à ce qu'ill infpire fon inftructeur ce qui feroit de fa volonté; eftant tout preft de partir, fi on le iugeoit à propos, Dieu y pourueut, car de bonne rencontre, ie l'arreftay, aiant veu la mauuaife difpofition de fa iambe.

Son compagnon femble vn peu plus morne, c'eft ce pauure fugitif que Sainct Ignace nous ramena l'an paffé, apres vn vœu que nous luy fifmes pour fon retour : le changement & la conftance d'Armand luy a beaucoup feruy. Depuis qu'il le vit Chreftien, il fe rangea de foy-mefme aux ieufnes de l'Eglife : il a monftré vn defir extraordinaire du Baptefme, il entend volontiers quand on l'aduertit de fes manquemens, il eft d'vne humeur affez affable & complaifante. N'eftant encore que Cathecumene, il s'abftint de manger d'vn Eflan qu'il auoit pris à la chaffe, pendant le Carefme, nonobftant les fatigues de fes courfes.

Il fe prepara au fainct Baptefme 1. par vn ieufne extraordinaire, 2. par le retranchement des plaifirs de la chaffe, où il eft fort enclin, 3. par vn recueillement interieur, s'entretenant quelques fepmaines fur les Commandemens de Dieu.

Depuis qu'il a efté fait enfant de l'Eglife, on a remarqué en luy toute vne autre docilité, vne modeftie, & vne honefteté exterieure, qui part d'vne pureté interieure de l'ame, auec vne foubmiffion de fa volonté à la conduite du fainct Efprit, & à la direction de fes maiftres.

Ie ferme ce Chapitre, difant vn mot de l'vnion & de la concorde qui fe retreuue entre ces deux ieunes Sauuages, fi que on ne les a iamais veu fe quereler l'vn l'autre : Ie fçay bien qu'il y a de la nature, & qu'vne mefme lãgue, & les mefmes exercices leur lient naturellemẽt les cœurs, mais auffi s'apperçoit-on bien de la grace qui agit là dedans, en forte qu'ils fe preuiennent l'vn l'autre auec des motifs d'vne veritable charité. Le Chapitre fuiuant fera voir comme ils ont bien reüffy en leur pays.

Chapitre X.

Continuation du Seminaire.

APres le depart de la flotte de l'année paffée, les nouuelles que nous receuions des Hurons alloient toufiours de mal en pis, fi bien que nous n'attendions qu'vn maffacre general de nos Peres & de nos François en ce pais-là, ou quelque effect extraordinaire de la deuce prouidence du grand Dieu en leur endroit. Nous auons paffé l'hyuer dans ces craintes & dans ces efperances, follicitans le Ciel de refpandre fes benedictions fur ceux

qui nous chargeoient de mille maledictions.   En
fin le printemps venu , Mr le Cheualier de Montmagny noftre Gouuerneur, homme vraiement fage & prudent , voulant conferuer la Religion en
ces contrées , & le commerce de ces peuples auec
nos François, fe delibere d'y enuoier quelques vns
de fes hommes pour fçauoir en quel eftat eftoient
les affaires : mais comme on auoit peur qu'vn petit
nombre de François ne fuffent maffacrés des Hurons au cas qu'ils nous euffent declaré la guerre,
nos Seminariftes fe prefenterent pour rendre ce
feruice à Dieu , à Mr noftre Gouuerneur, & à
tous ces Meffieurs de la Nouuelle France. On les
fit promptement équipper auec vn ieune François
bien courageux: & pour conferuer ces deux ieunes
Neophytes, nous enuoiafmes auec eux le P. qui les
auoit inftruit au Seminaire, afin de nous les ramener, au cas que tous nos Peres & nos François fuffent mis à mort par vne confpiration generale de
tout le païs.   Que fi ce meurtre prouenoit feulement de quelques particuliers , ils auoient ordre
d'affeurer les innocens de l'amitié des François.
Les voila donc embarqués auec des Algonquins
qui vont comme le vent malgré le courant des
eaux merueilleufement groffes & rapides au Printemps , à raifon d'vne infinité de neiges fonduës
qui fe viennent ietter dans les grands fleuues.   Ie
ferois trop long fi ie voulois rapporter toutes les
particularités de ce voiage, ie me contenteray d'en
toucher quelques-vnes en paffant.
   Comme nous auons fait publiquement prier
Dieu nos Sauuages, foit à Kebec, foit aux trois Riuieres , foit en la Riuiere des prairies ; le bruit de

cette bonne action s'estant respandu par tout, les
Algonquins voulurent estre de la partie, ils prierent le Pere de les instruire: mais comme il ne sçauoit pas la langue, il prit quelques Litanies que
nous auōs dreslées des attributs de Dieu, & leur fit
chanter tous les soirs, & tous les matins, faisant le
mesme dans les nations qu'ils rencontroient. Ces
peuples publians volontiers en leur langue les grā-
deurs du maistre qu'ils ne cognoissent pas encor.
Ils n'estoient pas trop auancés dans leurs voiages,
qu'vne disgrace arriua, à l'vn de nos deux Seminaristes nommé Armand: doublant vne pointe, les
bouïllons d'eau comme d'vne grosse marée, venant à choquer son canot, le renuerserent, & tout
ce qui estoit dedans, en sorte qu'on croioit que
tout fust perdu. Le ieune Algonquin qui n'auoit
rien que son corps dans le canot, ne pensa qu'à se
sauuer; il fut bien tost à bord hors du danger:
mais Armand voulant sauuer vne Chapelle que le
Pere portoit pour dire la saincte Messe, & quantité de pourcelaine, & autre bagage renfermé dās
vne caisse, s'engagea si auant qu'on le perdit de
veuë: voila la caisse & le calice, & l'aube, & la cha-
suble, & tout son equipage abysmé d'vn costé, &
luy de l'autre. Le P. ne le voiant plus en terre ny
sur les eaux, le cherche au Ciel, se iettant à genoux
au coing d'vn bois. Ce pauure ieune Chrestien
aiant combattu contre la mort iusques à auoir les
mains toutes écorchées, & le corps tout brisé, se
trouue assis au fond de l'eau sur vne roche: il en
fait vne Chapelle plus fauorable que celle qu'il
venoit de perdre: ie veux dire qu'il s'adresse à
Dieu du fond des abysmes, non de la bouche qu'il

tenoit bien fermée , mais du cœur, qu'il respandit
deuant sa bonté. Vous estes le Maistre de la vie,
luy disoit-il, la mienne n'est plus à moy , car ie ne
la sçaurois conseruer, vous pouués tout, laissez-
moy mourir, faites-moy reuiure, vous estes mon
Dieu. A peine son ame auoit-elle poussé ces affe-
ctiõs, que sõ corps se vit esleué sur l'eau, où il récõ-
tre des broffailles qu'il attrappe en telle sorte, qu'il
trouua tousiours dequoy se tirer iusques au bord
du torrent malgré sa rapidité : ses compagnons
l'aiant veu disparoistre, regardoient si les ondes ne
ietteroiét point vn corps mort; quand ils en virent
vn viuant , ils s'escrierent de ioye, le P. accourt
pour voir son pauure nourrisson ressuscité. La peine que ce ieune homme venoit de faire des orne-
mens Ecclesiastiques, le rendoit confus , & le iettoit dans des excuses, quand le P. l'embrassant, luy
dit ; C'est assés, mon fils, c'est assés que vous soiés
viuant, ne parlons point de nostre perte, mais be-
nissons Dieu de ce qu'il vous a retiré de la mort.

A peine ce ieune homme estoit-il retiré de ce
danger que le P. tombe dans vn autre. Les canots
s'estans separés, celuy qui menoit le P. demeura le
dernier : comme ils arriuerent à vne iournée de
l'isle, il fallut aller à pied, le pauure P. pensa mourir en ce chemin ; voicy comme il m'en rescrit.
Nous partismes dés le grand matin sans boire ny
manger, nous cheminions à grand pas par vn
tres-mauuais chemin , & dans de grandes cha-
leurs; i'estois chargé de mon petit bagage, ie croiois que mes gens s'arresteroient sur le Midy
pour manger : mais ils me laisserent derriere , ga-
gnant tousiours païs : ma foiblesse croissant auec

la chaleur du iour, ie demeure là comme tout eua-
noüy, ie me iette à terre n'en pouuant plus ; puis
aiant pris vn peu de repos, ie trouue trois ou quatre grosseilles qui ne me soulagerent pas beaucoup, car voulant reprendre mon chemin, ie fus
contraint de me coucher vne autre fois, tant i'a-
uois de mal à la teste, & de foiblesse par tout le
corps. Ie me souuenois assez de la pauure Agar, &
du Prophete Elie, que Dieu auoit secourus dans
leurs necessités, mais mes pechés me defendoient
d'esperer cette faueur temporelle : mon ame neāt-
moins se consoloit se voiant partir de ce monde
par obeïssance, au cas qu'on ne me vint point secourir, ie demeuray vne heure ou deux en cét état,
quand mes gens s'estans apperceu que ie tardois
trop, me vindrent chercher, ie leur demanday vn
peu à manger, mais ils me respondirent qu'ils n'a-
uoient rien : ils prennent mon petit bagage, &
m'excitent à prendre cœur : nous trouuasmes vn
ruisseau qui me rafraischit, & qui me donna quelques forces pour arriuer sur le soir à l'isle, où ie
trouuay mes Seminaristes, & nostré François bien
en peine ; car ils m'attendoient depuis deux iours.
Ie fis rencontre de quelques Hurons parens de
nostre Armand, auec lesquels ie me retiray. Les
Algonquins m'enuoierent querir sur le soir pour
les faire prier Dieu, & pour chanter les Litanies
en leur langue dans leurs cabanes. Ma debilité ne
me pût empescher de leur donner ce contentement, qui m'estoit plus doux qu'à eux-mesmes. En
fin nous apprismes icy que nos Peres & nos François se portoient bien aux Hurons, & qu'ils nous
raconteroient à nostre arriuée les dangers qu'ils

auoient

auoient encourus pendant l'hyuer. Apres nous
estre rafraichis quelque temps dans cette isle, nous
nous embarquasmes auec les Hurons, quittans les
Algonquins en leur païs : à deux iours de là nous
trouuasmes les amis & les alliés de Ioseph Thera-
thiron qui descendoient vers les François : ie fus
d'aduis qu'il se mit en leur compagnie, pour passer
encor vn hyuer à Kebec , afin de s'y fortifier dauantage en la Foy . Bref, continuant nostre route,
nous arriuasmes aux Hurons le 9. de Iuillet, estât
partis de la Riuiere aux prairies le 11. de Iuin, feste
de sainct Barnabé. Voila vne partie des choses que
le Pere m'escriuoit. Dieu sçait quel contentement
receurent nos Peres à cette entreueuë , ils se con-
soloient tous comme des gens retirés du tombeau,
quoy qu'en diuerses façons ; ie ne racôteray point
les persequutions qu'ils auoient souffertes pendât
tout l'hyuer. La Relation qu'ils m'ont enuoiée, &
que i'adresse à V. R . rapporte tout cela ; ie diray
seulement qu'ils furent bien estonnés de voir les
deportemens de nostre Seminariste : ce ieune hôme s'estant retiré dans sa bourgade, deuient Predicateur, il loüe nostre foy, dit mille biens de la li-
beralité des François, crie par tout que nous sommes les Peres de tous ces peuples, que nous leur
venons annoncer des paroles de vie, il ne peut
souffrir qu'on nous soupçonne d'auoir causé leurs
maladies : la honte naturelle aux ieunes Sauuages
deuant les vieillards, est bannie de son cœur, la foy
le rend hardy comme vn lion , ses gens l'escoutent , admirent ses discours, quittent petit à petit
les pensées noires qu'ils auoient pris de nous. La
vertu & la chasteté de ce nouueau Predicateur les

E

rauit ; voicy ce qu'en mande vn de nos Peres.
Priés Dieu pour noſtre pauure Armand, il fait
merueille, mais il eſt au milieu des perils ; il cou-
che dans les cabanes des Hurons ſes-parens, où les
filles font gloire de rechercher les ieunes hommes,
il a rendu de grãds combats & remporté de ſigna-
lées victoires , il teſmoigne hautement qu'il eſt
Chreſtien, & qu'il ſe veut comporter comme tel
en toutes ſes actions ; il ſe vient confeſſer & com-
munier tous les Dimanches en la bourgade où
nous ſommes, eſloignée d'vne bonne lieuë de la
ſienne : nous eſtions ſi décriés dans cette bourgade, que pluſieurs perſonnes ſont mortes cét hyuer
ſans Bapteſme, pource que nous n'en oſions approcher, les enfans meſmes nous regardoient cõme des ſorciers, & comme des empoiſonneurs, ſi
bien qu'vn Pere ſe trouuant auec ce Neophyte,
vn petit enfant voiant qu'on luy faiſoit bon viſage, demanda à ſes parens ſi les François ne fai-
ſoient plus mourir les Hurons. Que le Ciel donne à iamais des benedictions à ceux qui ont ſouſtenu & qui ſouſtiennent les Seminaires des Sauuages.   Dites-moy, ie vous prie, toutes les grandes
deſpenſes qu'on a faites iuſques à preſent pour
eſtablir & pour conſeruer ce Seminaire, & les autres, peuuent-elles eſtre miſes en parangon auec
le fruict que ce ieune homme a commencé de faire ? En verité nous ſommes dans l'eſtonnement &
dans les benedictions de Dieu, voians ce que nous
n'oſions attendre d'vne plante née au milieu de la
Barbarie, & ſi nouuellement entée en l'Egliſe de
Dieu.

Nos Peres des Hurons voians le fruict que fai-

ſoit ce ieune homme, & comme dés cét hyuer pro-
chain, peut-eſtre, deux de nos Peres iront demeurer auec luy en ſa bourgade, nous reſcriuent que
nons leur renuoyaſſions au pluſtoſt Ioſeph Theɯathiron, pour auoir vn autre Predicateur en ſa'vil-
le ou bourgade bien belle, & bien peuplée, nous
coniurans de faire nos efforts, d'arreſter autant que
nous pourrions de ieuﬀes Hurons qui voudroient
reſter au Seminaire, qu'ils n'auoient oſé en demãder ſur le païs dans la difficulté du temps, & pour
les dangers qui ſont ſur la riuiere qui les doit apporter: nous y ferons nos effors, on nous en a deſia
donné quelques-vns ; mais comme ce peuple deſ-
cend cette année à la debandade, ie ne ſçay pas le
nombre que nous pourrons auoir. Il s'en preſente
aſſés de grands, & de fort aagés, mais nous crai-
gnons qu'ils n'enleuent les plus ieunes. Entre ceux
que nous auons rebutés, il s'eſt trouué vn homme
aagé de plus de 40 ans, lequel a voulu demeurer
à toute force : voiant que nous luy fermions l'o-
reille, il eſt allé prier nos François de le receuoir
auec eux, s'adreſſant tantoſt à l'vn, tantoſt à l'autre. Si on craint que ie ne derobe, diſoit il, tenés
voila mon bagage que ie ne renuoie point an païs,
ie ne ſçaurois commettre larcin qui vaille cela,
Theɯathiron que i'ay rencontré en chemin (c'eſt
noſtre Seminariſte Ioſeph) m'a tant dit de bien
des François & de leur creance, que ie veux croire
en Dieu, & demeurer auec eux pour eſtre inſtruit.
Il tira vn Chapelet en noſtre preſence que ce ieune Seminariſte luy auoit donné pour teſmoignage qu'il vouloit eſtre Chreſtien, neantmoins comme ces peuples ſont aſſés diſſimulés, nous l'auons

laiſſé aux Trois Riuieres pour l'eſprouuer dauantage. Ce pauure homme nous faiſoit compaſſion,
car il preſſoit la larme à l'œil. Si ſes compatriotes
qui doiuent encor deſcendre ne l'eſbranlét point,
nous le receurons : nous n'auons que trop de cœur
pour luy, mais comme il eſt aagé, & par conſequét
plus attaché à ſes volontés que les ieunes gens,
nous auons peur qu'il ne ſe iette dans quelque dé-
bauche.

Au reſte, ie voy bien que ſi Dieu nous en donne
beaucoup, nous ſerons accablés : car au lieu d'vn
Seminaire, en voila trois ſur pied dans peu de téps,
l'vn d'Algonquins, l'autre de Montagnets, & le
troiſieſme de Hurons.   On m'a donné ſept petits
enfans, tant Montagnets qu'Algonquins, il les faut
pouruoir : on m'en preſente encor 4. ou 5. autres
pour mettre au Seminaire, & on m'a promis d'en
amener encor au Printemps : ie ne ſçay comment
ſatisfaire à tout cela, ie me trópe, la main de Dieu
eſt grande, ſon cœur eſt plus grand que le noſtre,
tous les ans il me ſemble que nous allons manquer
de forces, & tous les ans ie les voy croiſtre à pro-
portion que les occaſions d'exercer la charité ſe
preſentent. *Confide in Domino, & dabit tibi péti-*
tiones cordis tui.   Nous luy demandons le ſalut de
ces pauures Sauuages, dont nous en auons quinze
ſur les bras, qu'il faut nourrir & ſecourir plus particulierement que les autres, auſquels il faut faire
l'aumoſne de temps en temps, iuſques à ce qu'ils
ſoient en eſtat de tirer leur vie de la terre.   Outre
ceux-cy, on auoit donné deux enfans à Monſieur
Gand, l'vn deſquels eſt monté au Ciel apres ſon
Bapteſme, il fait eſleuer l'autre auec vn grand a-

mour, il rend bien d'autres secours à ces pauures peuples. Le sieur Oliuier a aussi deux petites filles Sauuages, & vn petit garçon, comme il est icy Commis au Magazin de Messieurs de la Nouuelle France, ie ne doute point que ces Messieurs ne seruent de bras droit à la charité qu'ils exercent enuers ces ieunes plantes de l'Eglise de Dieu.

CHAPITRE XI.

Ramas de diuerses choses.

LE iour de Sainct Barnabé nous auons eu vn tremble terre en quelques endroits, il se fit si bië sentir, que les Sauuages estoient bien estonnés de voir leurs plats d'écorces se choquer les vns les autres, & l'eau sortir de leurs chaudieres. Cela leur fit ietter vn grand cry plein d'estonnement.

Voicy vne façon gentille de terminer vn procés. Vn Sauuage s'estant esloigné du païs pour ie ne sçay quel sujet, sa femme se voiant recherchée dans son absence, en espouse vn autre : quelques mois apres ces secondes nopces, le premier mary retourne & veut rauoir sa femme : l'autre ne la voulant pas rendre, les voila en procés, le pere de cette femme iugea ce different en dernier ressort : il prend vn baston, le porte vn peu loin, le fiche en terre, puis s'adressant aux plaideurs, leur dit. Celuy qui rapportera le premier ce baston aura ma fille, eux de courre. La femme fut adiugée à celuy qui auoit meilleures iambes, & le procés fut tellement esteint, qu'il n'en fut plus parlé que pour rire. Ce traict est aussi gaillard que l'inconstance dãs leurs mariages nous causera de tristesse. Le lien si serré qui tient l'homme & la femme sous vn mesme giou, aura bien de la peine d'y arrester les Sauuages. Messieurs de la Nouuelle France me semblent auoir apporté quelque commencement de remede à ce malheur: veritablement ils sont loüables pour l'affection qu'ils portent au salut de ces pauures peuples. I'apprends qu'ils ont donné cette année quatre arpens de terre defrichée à deux ieunes filles Sauuages qui se marieroient à quelques Chrestiens, sans preiudice du secours qu'ils pourront donner aux autres à l'aduenir. Ie les remercie de tout mon cœur de cette charité au nom de deux Neophytes à qui cette aumosne est desia destinée. Ce sont deux ieunes filles baptisées, dont les bons Anges ne seront pas ingrats enuers ces Messieurs. Vne honneste Dame dont on ne m'a point escrit le nom, a fait present d'vne bône piece d'argent pour marier aussi quelque fille Sauuage baptisée. Tout cela est desia appliqué. Dieu qui pouruoit aux petits oiseaux du Ciel, benira ces ames d'eslite, puis qu'elles prennent les interests de Iesus Christ son Fils en la personne de ces nouueaux enfans. Voila iustement les moiens de rendre les mariages des Sauuages stables & indissolubles. Car vn mary ne quittera pas si aisément vne femme qui luy apporte vn honeste dot, & vne femme aiant ses biens auprés de nos habitations Françoises, ne s'en esloignera pas facilement non plus que de son mary. Adioustés que s'estans donnés parólle prés de nos Autels, la crainte des loix

les retiendra dans le deuoir. Les biens qu'on fait &
qu'on procure à ces pauures Neophytes, donne
vn puiſſant empire ſur eux à ceux qui les gouuer-
nent, & vne grande authorité à la foy Chreſtienne pour ſe faire rendre obeiſſance : En voicy vn
exemple.

Quatre cabanes affligées de maladies, ſe voiant
vn peu ſecouruës par noſtre entremiſe, ſe ſont aſſemblées en cõſeil, où ceux qui ſont encor en ſanté, ont conclud qu'il falloit croire en Dieu, & auoir
recours à ſa bonté. Voila la premiere aſſemblée
qu'ils ont faite entre eux purement pour la Foy,
d'autãt plus remarquable, qu'en meſme temps Mr
noſtre Gouuerneur nous parloit de les ſecourir
fortement, & pour la foy & pour leur maladie ; ſi
bien qu'eux & nous ſans ſçauoir rien l'vn de l'autre, eſtions aſſemblés pour le meſme ſujet. Depuis
ce temps là ils n'ont point manqué, tant qu'ils ont
eſté proches de nos demeures, de venir tous les
iours ſoir & matin à la Chapelle pour prier Dieu,
& pour eſtre inſtruicts en ſa doctrine. I'apprend
que Makheabichtichi parla le premier en ce
conſeil, & dit ; Mes compatriottes, i'ay preſté l'o-
reille vn long temps aux Peres, ce qu'ils m'ont enſeigné eſt tres-bon : ie leur auois promis de croire
en Dieu, i'ay manqué de parole, i'en ſuis marry :
c'eſt à ce coup qu'ils feront preuue de ma conſtance. Sus, rangeons nous tous ſous la protection
de celuy qui a tout fait ; ne perdons point courage,
ſi quelqu'vn de vous luy promet de croire en luy,
qu'il tienne ſa parole, & n'imite pas mon incon-
ſtance. En ſuite de ces bonnes reſolutions, les Sauuages de ces quatre cabanes ſe trouuerent tous en

noſtre maiſon le iour de la glorieuſe Aſſomption de la Vierge, afin d'aſſiſter à la proceſſiõ que nous fiſmes pour recognoiſtre cette grande Princeſſe comme Superiere & protectrice de l'vn & l'autre France, ſelon les ſainctes affections de noſtre bon Roy, & encor pour benir Dieu de ce qu'il a pleu à ſa bonté de luy donner vn enfant de miracle & de benediction. Mr noſtre Gouuerneur n'oublia rien de toute la magnificéce poſſible pour honorer cette proceſſion. Il faiſoit beau voir vne eſcoüade de Sauuages marcher apres les Frãçois auec leurs robes peintes, & figurées, tous deux à deux, & fort modeſtement. Les hayes de ſoldats en diuers endroits les ſaluét de mouſquetádes, les canons qui eſtoient ſur la terre & ſur l'eau, ioüans auec vn bel ordre, cauſoient ie ne ſçay quelle reſiouïſſance, accompagnée d'vne ſaincte deuotion que tous offroient à Dieu pour l'accompliſſemét des deſſeins de noſtre grand Roy, & pour le ſalut de ces peuples. En ce meſme temps trois iõgleurs ou ſorciers, nous apporterent cinq tambours, dont ils s'eſtoiét ſeruis dãs leurs Sabbats, proteſtãs par cette action qu'ils abãdonnoient le party de Belial pour ſuiure IESVS CHRIST. Comme ce Chapitre n'eſt qu'vn ramas de diuerſes choſes qui n'ont point de liaiſon, il contiendra quelques articles bien differens les vns des autres : voicy vne nouuelle aſſés faſcheuſe.

Le Pere Hieroſme Lalemant nous aiant quitté pour aller aux Hurons, fit rencontre en chemin de quatre cabanes d'Algonquins de l'iſle, les Hurons qui les menoient mettans pied à terre, entrerent dans l'vne de ces cabanes, & le Pere ſe

retira

se retira à part pour prier Dieu ; mais on le fit
bien tost appeller, & on luy fit signe qu'il se mit
au pres d'vn certain Sauuage de mauuaise façon.
Celuy-cy voyant le Pere, entre en colere, & se
plaint de ce qu'vn François passé par là depuis peu
de iours, auoit saigné l'vn de ses malades, dont la
mort s'en estoit ensuiuie : Là dessus se mettant en
humeur & en furie, il me monstre vn licol, & vne
hache (dit le P. qui m'a rescrit toute cette tragi-
comœdie) me faisant signe qu'il falloit mourir!
En suitte il dispose ce cordeau par vn nœud courant, & auec vne action de furieux & d'enragé, il
me prend la teste auec les deux mains pour me la
faire passer dans ce licol ; ie l'arreste auec la main,
luy faisant entendre mon innocence le mieux qu'il
m'estoit possible. Luy se mocquant de tout cela,
deuenoit tousiours plus furieux, & leuant la hache, me donne à entendre que si ie ne finissois par
l'vn, ie finirois par l'autre. Voyant que le co-
let de ma sotanne l'empechoit de m'estrangler,
il s'efforça de la degraffer. Dans cette contra-
ste nos Hurons petunoient sans dire vn seul mot ;
deux de nos François qui estoient hors la cabane
coururent aux armes, mais ie les arrestay de peur
de plus grand mal-heur, les aduertissant qu'ils
agissent plustost auec les Hurons qui nous auoiët
pris en leur protection & sauuegarde. Enfin ce
barbare fit sortir nos Hurons de sa cabane, & me
tirant par vn pied, me retint prisonnier pour m'ex-
pedier. Les Hurons venoient par fois regarder
dans la cabane ce qu'on y faisoit, disans qu'ils de-
meureroiët là toute la nuict pour auiser à ce qu'ils
auoient à faire, se portans pour respondans de ma

F

perſonne, au cas qu'on me voulut deliurer ; ce
qui fit que ce barbare me laſcha. Ie m'en retour-
nay dire mon breuiaire, & nos Hurons s'en vont
au côſeil, dans lequel ils arreſtent de faire des preſens à cét homme forcené ; Ils le font venir en
leur cabane pour luy donner des haches & vne
lame deſpée : Le plus âgé de nos Hurons leuant
ces haches l'vne apres l'autre, s'eſcrioit à chacu-
ne ; Voila pour deliurer les François qui ſont auec
nous.   Ce barbare ayant regardé toutes ces haches, dit ; La penſée de tuer les François commence à ſortir de mon eſprit ; mais à ce que ie
ſois content, & qu'elle ſorte toute à fait, il me faut
encore vne chaudiere : ne s'en trouuant point, il
demande en la place vne chemiſe ; on la luy dô-
ne, alors il teſmoigna d'eſtre parfaitement content ; & ſe faiſant apporter vn plat d'écorce plain
d'eau, il en laue ſa face & ſes yeux, puis aualant le
reſte ; voila ; dit il, pour eſſuyer mes larmes & changer mon viſage ; voila pour aualer toute l'amertu-
me & le fiel de ma colere : ie ne ſuis plus fâché. Là
deſſus s'en va emportant les preſens. Eſtant dé
retour en ſa cabane, il enuoia la chair d'vn Caſtor
à nos gens pour témoignage de reconciliation.
Nos Hurons m'ont fort preſſé d'eſcrire cette hi-
ſtoire à Monſieur le Gouuerneur ; Le déplaiſir
qu'ils ont de ce qui s'eſt paſſé en a tellement irri-
té l'vn d'eux, qu'il penſa tuer ce barbare d'vn
coup de hache le lendemain matin. Il ne m'eſt pas
poſſible d'eſcrire dauantage, les Maringuoins ou
couſins me maſſacrent à milliaſſe, ne me donnant
pas la permiſſion d'eſcrire vne ſeule ſyllabe ſans
douleur. C'eſt bien à ce coup qu'il me faut par-

doner si i'escris mal, & m'excuser aupres de Mô-
sieur le Gouuerneur, dont ie ne vous puis dire la
charité pendant que i'ay eu l'honneur d'estre auec
luy. C'est l'inuariable, & tousiours luy mesme, &
tousiours l'incomparable. Dieu le benisse à iamais. Tout cecy est tiré des lettres du Pere. Ie
me promets bien que Monsieur le Cheualier de
Montmagny ne manquera pas d'arrester l'orgueil
de cét Insulaire.

Le Pere Le Moine que nous enuoyons aussi
aux Hurons a couru vne autre fortune non moins
dangereuse. Ses gens ayant gaspillé les viures qu'ô
leur auoit donné, voire mesme en ayant vendu vne
partie aux Algonquins, desembarquerent le Pere
& deux François qui estoient auec luy. D'autres
François descendans des Hurons se trouuerent à
ce beau rencontre; & comme ils tançoient ces barbares de n'auoir pas conserué leurs viures, ils re-
partirent qu'ils estoient courageux, & qu'ils passe-
roient bien huict iours sans manger. Ces François firent donner au Pere vn peu de bled & de
farine d'Inde pour viure dans le grand desert où
il estoit abandonné, en attendant que l'vn des canots qui descendoient le prit en repassant. Le pauure Pere m'escriuit son desastre en peu de mots.

Ie ne sçay si mes pechez me ferment la porte au
pays que i'ay tant desiré; mais quoy que s'en soit,
me voila dégradé & delaissé à vne pointe de sable
au delà de la petite nation des Algonquins, n'ayât
point d'autre maison que le grand monde : Il n'y
a que trois iours que l'vn des canots qui portoit
nostre petit bagage tourna dans l'eau ; Nos pa-
quers furent emportés par le courant, nous en re-

pechafme vn auec grande peine , l'autre fut perdu ; Dieu foit beny de tout.

I'ay defia dit còme le Pere qui remenoit les Seminariftes, Hurôs, auoit auffi perdu fon equipage
dans le mefme chemin. Si les Sauuages fe riét de-
dãs leurs pertes, nous ne de deuõs pas pleurer de-
dãs les noftres, puifq; Dieu les îçaura biẽ reparer.

Le Pere du Perron qui monte auffi là haut aura peut eftre vn plus heureux fuccez que ces trois
premiers, fa gayeté à fon depart, & l'honneur que
luy fit Monfieur noftre Gouuerneur auffi-bien
qu'aux autres, ietta les Sauuages dans vne allegref-
fe qui nous promet quelque chofe de bon ; celuy
qui le mene nous dit en s'embarquant: Ie fuis Capitaine, il ne peut arriuer aucun mal au Pere en
ma prefence : ils nous promirent de prendre en
paffant le Pere le Moine , & les François qui
eftoient auec luy.

Voicy vn bout de lettre du Pere que i'ay laiffé
à la refidence de S. Iofeph, où les Sauuages fe rendent fedentaires. Apprenant qu'vne barque mon-
toit aux trois Riuieres ; ie dy aux Sauuages, que
voulez-vous que i'efcriue au Pere le Ieune par la
barque qui doit monter là haut : Tu luy mande-
ras, me refpondirent ils vniuerfellement, que
nous defirons tous croire en Dieu , que nous voulons tous eftre baptifez, & que nous le prions
qu'il retourne au pluftoft ça bas pour nous donner le baptefme. Ayant receu cette refponce, ie
me retiray plein de confolation ; n'en auois-je pas
bien fuiet ? Ce font les propres mots du Pere. Si
toft que ie fus defcendu à Kebec, ces bons Sauuages me vindrent voir , les Chreftiens fe confeffe-

rent & cómunierent ceux qui ne sont pas encore
baptisés me presserent de leur donner le baptesme;
Le mesme Pere m'escriuit vne autrefois en ces
termes Makheabichtichiou, Pigarouich, Ou-
cheskouetou, & plusieurs autres Sauuages, sót arriués à S. Ioseph : mettant pied à terre, ils sont venus droit en ma chambre pour les conduire en la
chapelle, afin de remercier Dieu de ce qu'il les
auoit conserués dans leur voiages ; ne m'ayant
point trouué, ils ont esté prier vn autre de nos
Peres qui estoit icy, lequel s'excusant sur le peu
de cognoissance qu'il a de la langue, ils ont pris
Paul le bon aueugle, l'ont mené à la chapelle, &
l'ont fait prier Dieu. Ce bon Neophyte leur a
fait faire les prieres qu'il recite soir & matin. Que
pouuez-vous esperer dauantage des Sauuages? On
croioit que ces pauures errans seroiét les derniers
à se ranger, & ils se presentent des premiers, ai-
dez-les à cultiuer la terre, & à se loger, & vous les
aurez tous.

Le Pere Charles Lalemant qui passe en France pour nos petites affaires au lieu du Pere Quen-
tin, qui a esté enuoié à Miskou, dira de bouche ce
que ie ne puis coucher sur le papier sans longueur.

Il est temps de tirer à la fin ; Ie croy que ie n'ay
point contreuenu à la resolution que i'auois prise
d'estre court, puisque i'obmets quantité de choses
de peur d'estre long. I'auray cette consolation
cette année que disant peu, il se glissera peu de
fautes sous le rouleau de la presse.

La Relation de l'année passée en est remplie :
il faut que i'en cotte vne pour inuiter l'Imprimeur
à prendre quelque ialousie de son ouurage. Au

Chapitre 8. page 145. où il s'agiſt de quelque
priſe que i'eus auec vn ſorcier; au lieu de me ſeruir
d'exorciſmes contre le diable, l'Imprimeur me
fait ſeruir d'vne épée. Voicy ce que i'auois couché dans l'original. En effet i'auois deſſein de me
ſeruir d'vne eſpece d'exorciſmes, l'Imprimeur a
mis; En effet i'auois deſſein de me ſeruir d'vne
épée deſormais. Ie vous confeſſe que ce beau
rencontre m'a fait rire. Quand on parle de
ſi loing, on ne fait pas ſi bien entendre ſes penſées, l'eſcriture eſt vne parole muette, qui ſe change auſſi facilement, qu'il eſt aiſé de prendre vn
Caractere pour vn autre: on fait dire à vn enfant
ce qu'on veut quand ſon pere eſt abſent. C'eſt
aſſez pour ce coup.

Cependant nous demanderons à Dieu ſa grande benediction pour ces ames d'eſlite, qui par
leurs mains & par leurs vœux attirent nos pauures Sauuages à IESVS-CHRIST. Nous coniu-
rons tous V. R. & tous nos Peres & nos Freres de
ſa Prouince, de ioindre vos prieres auec les noſtres, afin que noſtre recognoiſſance aupres de
Dieu attire les graces & les faueurs du Ciel, &
ſur noſtre Coloniē, & ſur nos Neophytes, & ſur
ces pauures peuples, & ſur ſes enfans, leſquels
ſe profeſſent tous en general, & moy en particulier; ce que ie ſuis de tout mon cœur.

>   DE V. R.

>   Tres-humble & tres-obligé ſeruiteur
>   ſelon Dieu PAVL LE IEVNE.

*Aux trois Riuieres en la Reſidence
de la Conception, ce 25. d'Aouſt 1638.*

RELATION

DE CE QVI S'EST PASSÉ

dans le pays

DES HVRONS

és années 1637. & 1638.

RELATION

DE CE QVI S'EST PASSE'
en la million de la Compagnie
de I E S V S dans le

PAYS DES HVRONS
EN L'ANNEE 1637. & 38.

Enuoyée à Kébec au R. P. Paul le Ieune,
Superieur des Millions de la Compagnie
de I E S V S en la nouuelle France.

MON REVEREND PERE,

PAX CHRISTI.

OSTRE REVERENCE,
Nous a tous extremement
confolez par fes dernieres, de
nous mander qu'elle nous porte plus d'enuie que de compaf-
fion, nous voyant de tous co-
ftez chargez d'horribles calomnies ; & enten-
dant que nous fommes dans des peril de mort

A

presque continuels. Ce qu'elle en apprist l'an
passé, n'estoit que des dispositions à ce qui est
depuis arriué ; ce n'estoit que des bruits qui couroient assez confusement dans le païs ; & ces difcours qui s'estoient tenus si souuent pendant
tout l'hyuer dans les festins, & les conseils des
Sauuages, n'auoient esté que de simples paroles,
& des menaces de personnes assez peu confide-
rables. Mais depuis le depart des canots pour la
traite de Kébec ; la maladie qui n'auoit encor
accueilly que quelques bourgades, s'estant ré-
panduë vniuersellement par tout, toutes ces Nations se sont declarées ouuertement dans des
assemblées generales faites à ce dessein, nous y
auons comparu en personne, nous y auons oüy
les depositions faites contre nous de la bouche
des chefs du païs : nos Amis ne nous auoient
point dissimulé leur sentiment touchant les dangers ausquels nous estions ; ils nous auoient mefme demandé des lettres de confiance pour pouuoir par apres en toute seureté descendre à Kébec, & y porter la nouuelle de nostre mort, nous
auions desia fait nostre testament, & couché
nos dernieres paroles, pour faire entendre que
nous nous estimions trop heureux de mourir enfants de la Coimpagnie, & de répandre nostre
sang pour la conuersion de ces pauures peuples.

Le Diable se sentoit pressé de prés, il ne pouuoit supporter le Baptesme solennel de quelques
Sauuages des plus signalez. Mais Dieu luy a enfin lié les bras, pour donner cours à ses miseri-
cordes, & nous faire voir vn autre Ioseph dans
cet Egypte, qui est desia si auant dans ses bonnes

graces, qu'il semble luy auoir mis entre les mains la disposition de ses thresors, pour les ouurir à ses freres, les tirer de la misere, & leur donner entrée dans la cour du Roy du ciel & de la terre. Son exemple en a desia touché plusieurs, & des meilleurs esprits, qui pensent à l'imiter. On sera consolé de voir que ces peuples sont non seulement capables de nos Saincts mysteres, mais mesme d'vne vertu non commune.

Ie m'en vay ramasser ce qui est de plus memorable soubs quelques Chapitres, que i'étendray selon le temps que Dieu me donnera.

CHAPITRE PREMIER.

Des Persecutions que nous auons souffert, en l'année 1637.

IE dis vn mot l'an passé de nostre nouuelle Residence en la bourgade qui est comme le cœur du païs. Nostre Cabane n'estoit pas encore demy-faite qu'elle attiroit ces peuples de toutes parts pour nous venir voir : la foule y estoit si grande, que c'estoit vn plus que suffisant employ que de prendre garde à leurs mains, outre le grand nombre de malades qu'il falloit continuellement visiter.

Nos Peres auoient dressé comme vne maniere d'Autel, où ils auoient placé quelques petits tableaux, pour prendre de là sujet de leur faire entendre quel estoit le principal motif qui nous amenoit icy, & nous auoit attité dans leur bourg.

Toute la Cabane retentift de voix d'admiration à la veuë de ces objects extraordinaires ; fur tout ils ne pouuoient fe laffer de regarder deux tableaux ; l'vn de Noftre Seigneur, & l'autre de Noftre Dame, nous auions de la peine à leur faire croire, que ce ne fuft que des plates peintures, auffi les pieces font-elles de grandeur naturelle, car les petites figures ne font que fort peu d'impreffion fur leurs efprits. Il nous les fallut laiffer expofées tout le iour, pour contenter tout le monde.

Cefte premiere veuë nous coufta bien cher ; car fans parler de l'importunité que nous ont depuis caufé les curieux, c'eft à dire, tout autant de perfonnes qui arriuent des autres bourgades, fi nous en auons tiré quelqu'aduantage pour leur parler de nos Sainćts myfteres, & les difpofer à la cognoiffance du vray Dieu, plufieurs en ont pris fujet de femer de nouueaux bruits, & authorifer les premieres calomnies, fçauoir eft que nous faifions mourir ces peuples par nos Images.

Dans peu de iours le païs fe trouua tout à fait imbu de cefte opinion, qu'infailliblement nous eftions les autheurs de cefte contagion fi vniuerfelle. Il y a bien de l'apparence que ceux qui controuuoient ces calomnies n'en croyoient rien ; neantmoins ils parloient en termes fi exprez, que la plufpart n'en doutoient plus. Les femmes & les enfants nous regardoient comme des perfonnes qui leur portions malheur. Dieu foit beny à iamais, qui a voulu que l'efpace de trois ou quatre mois qu'a duré le fort de cefte perfecu-

tion, nous ayôns esté priuez quasi de toute consolation humaine　Ceux de noſtre bourgade
ſembloient nous eſpargner plus que les autres;
neantmoins ces mauuais bruits eſtoient ſi con-
ſtants, & ſeruoient d'entretien ſi ordinaire dans
les aſſemblées, qu'ils entrerent bien fort dans le
ſoupçon : & les plus notables qui nous auoient
aymez, & auoient couſtume de parler en noſtre
faueur, en perdirent tout à fait la parole, &
quand on les obligeoient de parler, ils auoient
recours aux excuſes, & ſe iuſtifioient le mieux
qu'ils pouuoient de ce qu'ils nous auoient baſty
vne cabane.

Le 16. Iuin, la niepce de Pierre noſtre premier
Chreſtien mourut, nonobſtant les vœux & les
prieres que nous auions fait pour ſa guerion. ce
fut la premiere ſecouſſe de ceſte famille, qui fut
ſuiuie quelque temps apres de la mort de ſa femme ; & depuis ſon retour de la traite, la maladie
luy enleua vne ſienne fille, & ſon beau-frere.
Pluſieurs langues meſdiſantes qui eſtoient deſia
d'elles meſmes aſſez fecondes en fourbes & calomnies, penſoient auoir vn nouueau ſujet de
nous ietter le chat aux jambes ; alleguants pour
raiſon, Que l'affliction n'auoit accueilly ceſte
cabane, que depuis le Bapteſme ſolemnel de
Pierre. En effect, ils auoient paſſé l'hyuer fort
doucement, la pluſpart des autres cabanes ayant
eſté fort mal traitez de la maladie.

Ceſte opinion entra ſi auant dans l'eſprit de
quelques-vns, qu'vne bourgade entiere, ſelon le
rapport qu'on nous en fiſt, prit reſolution de ne
ſe plus ſeruir des chaudieres de France, s'ima-
A iij

ginant que tout ce qui venoit en quelque façon
de nous, estoit capable de leur communiquer le
mal.

Il vint vne autre nouuelle de la Nation du Petun (car ces bruits alloient croissants, mesme
dans les Nations circóuoisines) on asseura qu'vn
Sauuage frappé de ceste maladie pestilencielle
auoit vomy dans du sang vne dragée de plomb,
d'où ils concluoient qu'vn François l'auoit en-
forcellé. Nous auions tous les iours à respondre
à des porteurs de semblables nouuelles, & s'en
trouuoit fort peu de capables des raisons que
nous leur apportions, pour leur faire voir combien nous estions esloignez de ces pensées noires. Leur response ordinaire estoit, que cela se
disoit constamment par tout, & qu au reste toute
l'Isle ou ces peuples habitent auoit la ceruelle
renuersée, que la mort d'vn si grand nombre de
leurs parents leur auoit troublé l'esprit ; & ainsi
qu'il ne falloit pas s'estonner, si comme des in-
sensez ils s'en prenoient à la volée , à tout ce qui
se presentoit. Pour nostre regard, nous nous
estimions trop honorez de porter les livrées de
Nostre Seigneur; vne seule chose nous affligeoit,
de voir l'Enfer triompher pour vn temps , & en-
leuer vn si grand nombre d'Ames, dont nous en-
tendions le danger sans leur pouuoir tendre la
main , & les mettre en voye de salut. Nous ne
desistâmes neantmoins iamais de faire nos courses ordinaires, qu'à toute extremité , lors que
nous vismes que nos saincts Mysteres n'estoient
plus receus auec le respect qu'ils meritent, & que
nous iugeâmes que ces visites pourroient estre

preiudiciables au progrez du Sainct Euangile.

La mortalité estoit par tout, mais sur tout au
bourg d'Angotenc qui n'estoit qu'à trois quarts
de lieuë de nous. On y fit deux voyages, mais
sans effect : nous y retournâmes le 3. de Iuillet,
nous trouuâmes vn assez bon nombre de malades, mais les vns s'enueloppoient dans leurs robe, & se couuroient le visage de peur de nous
parler, d'autres nous voyant couroient fermer
la porte de leur cabane : nous auions desia le
pied sur la porte de deux autres, qu'on nous en
chassat, apportant pour raison qu'il y auoit des
malades. Helas c'estoit iustement ce que nous
cherchions! nous ne perdismes pas courage pour
cela ; & d'autant plus que le diable joüoit des
siennes, nous nous sentions d'autant plus inspi-
rez à ne point abandonner ce pauure bourg.
Tout bien consideré, nous iugeâmes que ce
mauuais visage ne venoit que de ce qu'ils n'e-
stoient pas encore bien informez de ce que nous
pretendions par ces visites, car ils n'ont pas coustume de s'entre-visiter ainsi les vns les autres
dās leurs maladies, sinon entre proches parents.
Et ce leur estoit vne grande nouueauté de voir
des personnes qui ne cherchoient que des malades, & encore les plus miserables & les plus
abandonnez ; c'est pourquoy nous y retournâmes le 8. du mesme, non tant pour les malades,
que pour voir quelques anciens, & ceux qui
auoient le maniment des affaires pour tâcher de
les rendre capables de nostre dessein. Nous
fismes rencontre fort heureusement d'vn Capi-

A iiij

taine plein d'esprit, on luy fit entendre combien
nos visites leur deuroient estre precieuses ; il
nous escouta volontiers, nous donnant parole
qu'il en communiqueroit auec les Anciens, Que
pour luy il nous asseuroit desia qu'il nous verroit
tousiours de bon œil. De ce pas nous fusmes
voir les plus malades, mais nous n'y fusmes pas
mieux receus qu'au premier voyage. Vn certain
Capitaine de guerre ne nous vist pas plustost à la
porte de sa cabane, qu'il nous menaça de nous
fendre la teste si nous passions outre.

Sur l'apresdisnée Ondesson, vn des premiers
chefs de guerre de tout le païs nous vint voir
auec vn autre notable d'Angotenc. Sur le sujet
de nos courses ils nous adoüerent que plusieurs
auoient peur de nous, & que pour leuer ces
craintes, il seroit fort à propos de tenir conseil là
dessus, où nous nous trouuerions en personne,
nous ne souhaitions autre chose

De plus, vne des grosses testes de nostre bourg
nous vint tirer à l'escart, Mes nepueux (nous dit-
il) i'ay vne chose d'importance à vous dire, c'est
qu'Antoine (il parloit du P. Daniel) a lasché vne
parole inconsiderément, qui donne bien à parler au monde. L'Esté passé vn ieune homme se
faisant prier pour demeurer à Kébec, & estant
sur le point de mettre le pied dans le canot, Que
pense-tu faire, luy dit-il, tu vas à la mort, la peste
s'en va ruiner ton païs, croy moy, passe l'hyuer
auec nous, si tu veux te tirer de ce danger. Voyla
ce que ie viens d'apprendre à Onnentisati, où on
parle de vous autres en fort mauuais termes ; on
tiét tout asseuré que vous estes la cause de nostre

malheur : à toutes nos raisons il n'euſt autre choſe à nous repliquer, ſinon que cela ſe diſoit, ce
qui laiſſoit touſiours de fortes impreſſions dans
leurs eſprits.

Eſtant retournez à Angstenc pour le conſeil,
nous y trouuons tous les Capitaines (car il y en
a pluſieurs dans vn meſme bourg, ſelon la diuer-
ſité des affaires) qui nous firent vn aſſez bon accueil : le plus qualifié inuite les autres à l'aſſemblée, criant à pleine teſte autour de la bourgade.
Les Anciens, les femmes, la ieuneſſe, & les enfans
y accourent à noſtre ſollicitation. L'ouuerture
du conſeil ſe fiſt par vn pain de Petun que nous
leur preſentaſmes dãs vn plat à la mode du païs;
vn des Capitaines le rompt, pour le diſtribuer
aux plus conſiderables de la troupe; iamais ils ne
parlent d'affaires & ne tirent aucune concluſion
que le calumet à la bouche, ceſte fumée qui leur
monte au cerueau leur donne, diſent ils, de l'eſ-
clairciſſement dans les difficultez qui ſe preſentent. Cela fait le Preſident hauſſe la voix à peu
prez du meſme ton que nos crieurs publics font
par les carefours de France; faiſant entendre que
ſes Nepueux les François alloient parler, qu'on
les eſcoutaſt bien, & qu'on ne s'ennuyaſt pas de
la longueur de leur diſcours : que la choſe eſtoit
d'importance, & meritoit d'eſtre bien conceuë.
Nous leur expoſaſmes ce qui nous auoit amené
en leur païs, & particulierement ce que nous
pretendions dans les viſires de leurs malades. Ils
nous eſcouterent auec aſſez d'attention ; mais
lors que nous eſtions ſur le point de conclure,
on vint inuiter ces Meſſieurs à vn feſtin : & par ce

que le temps preſſoit, il nous fallut briſer ; car il n'y a affaire d'importance qu'ils ne quittét pour vn feſtin. Ayant donc acheué, ils ſe regardent quelque temps, à qui parleroit, par deference. Enfin celuy qui preſidoit prenant la parole, repeta à la haſte le principal de noſtre diſcours, & inſiſta particulierement ſur ce que nous les aymions, & que ce n'eſtoit que par affection que nous les allions viſiter, auec deſſein de viure & mourir dans leur païs. Vn des plus aagez adiouſta qu'il ſeroit à propos que ceſte parole retentiſt par toute la terre; qu'au reſte nous les obligions grandement de les conſoler dans leurs larmes : Que nos perſonnes leur eſtoient cheres : Que la ieuneſſe priſt bien garde à ne pas faire vn coup dont tout le païs gemiroit. Tous enfin conclurent, auec des termes pleins de bien-veillance, nous inuitant à les viſiter doreſnauant. Voyla le naturel du païs , pour des paroles tant que vous en voudrez : nous iugeámes pourtant que nous auions pour lors tout ſujet de ſatisfaction.

Depuis , dans nos viſites nous fiſmes rencontre d'vn vieillard fort malade. Nos Nepueux (nous dit-il d'abord) ſoyez les bien venus ; il changea bien-toſt de compliment quand il ſceut ce qui nous amenoit , car la colere luy montant au viſage, C'eſt vous autres, dit il, qui me faites mourir, depuis ſix iours que vous miſtes le pied ceans ie n'ay pas mangé, & ie vous ay veu en ſonge comme des perſonnes qui nous portez malheur, c'eſt vous qui me faites mourir. Notez que parmy ces peuples il n'en faut pas dire dauantage pour faire fendre la teſte à vn homme. En

effect, nonobstant les belles promesses que ie
viens de dire, nous remarquâmes par apres tant
de froideur par tout, & vne si grande défiance
de nous autres, que nous iugeâmes à propos de
desister tout à fait de nos visites. Ioint que sur
l'aduis que nous enuoya N. Pere Superieur,
nous demeurâmes quelque temps à l'anchre
pendant la tempeste. Il nous escriuoit de plus,
qu'à l'issuë de ce festin qui auoit interrompu nostre conseil, ils s'estoient rassemblez, & auoient
resolu entr'eux de tuer vn François, qui que ce
fust.

Ils ne laissoient pas pourtant de nous consoler par leurs visites ; Dieu ce semble nous en-
uoyoit les Principaux pour estre informez de
nostre procedé les vns apres les autres. Ce dernier mesme qui nous chassa si rudement de sa cabane, ne feignit pas de nous dire chez nous
qu'en verité il nous croyoit les autheurs de leur
maladie. Vn autre se plaignit à nous qu'vn sien
parent auoit expiré incontinent apres nostre
visite.

Si nous estions aux prises en ceste habitation
de la Conception, nos autres Peres ne l'estoient
pas moins en celle de S. Ioseph : car ceste pointe
de terre se refroidissoit de plus en plus en nostre
endroit, à l'occasion des calomnies que quelques
mauuais esprits alloiét forgeants de iour en iour.
Voicy bien d'autres bruits : quatre barques, ce
dit-on, de ceux qui ne sont pas de nos parents (ils
vouloient dire les Anglois) sont montez malgré
tous les François, iusques à la riuiere des prairies:
& ceux qui les conduisent maintiennent que les

robes noires sont la cause de toutes les maladies.
Nous auions beau leur remonstrer par fortes raisons comme quoy la chose sembloit incroyable,
ils perseueroient dans leurs pensées.

Nostre premier Chrestien nous aduisa d'vn
autre bruit semblable à celuy dont nous escriuis-
mes l'an passé, qui certes a eu vn grand cours.
Sçauoir que nous auions apporté de France vn
cadaure, & qu'il y auoit sans doute dans nostre
tabernacle quelque chose qui les faisoit mourir.
Ces panures gens s'en prennent à vn sort qu'ils
cherchent par tout; possible que ce bon homme,
ou quelqu'vn de nos Neophytes aura parlé trop
cruëment de ce precieux depost; car pour nous
nous ne leur en parlons qu'apres vne longue espreuue de leur foy.

Ce bruit icy n'estoit pas encore estouffé, qu'il
s'en esleue vn autre. Nostre crime estoit, ce di-
soient-ils, que nous nous estions logé au cœur
du païs pour en procurer plus aisément la ruine
totale; pourquoy faire nous aurions tué dans les
bois vn petit enfant à coups d'alesnes, ce qui auroit causé la mort à tout plein d'enfans. Le diable
enrageoit peut-estre de ce que nous auions placé
dans le ciel quantité de ces petits innocents. Bref
nous voyla rebutez par tout; si que taschant vn
iour d'entrer dans l'esprit d'vn de leurs malades,
qui est icy des plus considerables, & luy & ses parens nous chanterent poüilles. Ils s'ombragent
de la moindre de nos actions : qui se plaint de ce
que les matins nous tenons nostre porte fermée;
possible, disent-ils, pour quelque sort. Qui nous
soupçonne de quelque sinistre dessein, lors que

fur le foir nous chantons nos Litanies En vn mot
ils concourent tous en ce point ; que pour mettre fin à leurs miferes il falloit fe desfaire de nous
au pluftoft, ou bien nous renuoyer en France.
Ny euft pas iufques à vne floüette que nous auiós
fait mettre au haut d'vn fapin qui ne leur donna
matiere de parler. Car, où auez-vous l'efprit, ce
dit vn des plus qualifiez, vous autres mes Nepueux, Que veut dire ce morceau de toile que ie
voy là fi haut monté ? mais cefte plainte fe termina plaifamment, quand apres auoir fçeu qu'on
la plaçoit-là, pour fçauoir de quel cofté fouffloit
le vent ; il nous reprift d'y auoir efpargné la toile,
à ce qu'on la vift de plus loing.

Noftre horloge ne paroiffoit plus, à raifon
qu'ils le croyoient le Demon qui tuë ; & nos
images enluminées ne leur reprefentoient plus
que ce qui arriuoit à leurs malades. A nous voir
pourmener fans plus, on croyoit qu'il y euft de la
forcellerie.

Voicy la nouuelle qui nous effraya le plus ; le
bruit eft que N. Pere Superieur auoit efté maffa-
cré. Vn Sauuage tout effaré nous la vint apporter le premier. Deux Capitaines de confideration
en dirent les particularitez aux autres de nos Peres, iufques à leur nommer le meurtrier. Nous
voyla enfin comme de miferables excommuniez,
car pour lors tout le monde nous quitte, & on
ne nous regarde plus qu'auec effroy. Cét affaffi-
nat pretendu fe refpandoit par tout le Païs, lors
que le Pere pour nous confoler fe hafta de nous
venir mettre hors de peine. Il alla d'abord vifiter
noftre Capitaine qui l'accueillift comme vn

homme reſſuſcité. Les Anciens du bourg le vinrent bienueigner les vns apres les autres : nous ne
pûmes faire ſçauoir de la ſanté du Pere, à l'habitation de ſainct Ioſeph qu'apres la huictaine, faute de meſſager. Les lettres qu'ils nous eſcriuirent
monſtrent euidemment que la choſe paſſoit pour
veritable parmy ceux de leur bourgade. De fait,
& le peu d'eſtat que ces peuples font de la vie
d'vn homme, & la reputation de ſorcier qui en-
traiſne infailliblement la mort apres ſoy, nous
font toucher au doigt les obligations ſenſibles
que nous auons à celuy qui eſt le Maiſtre de nos
vies.

CHAPITRE II.

Aſſemblée generale de tout le païs, où on delibere de noſtre mort.

IL a pleu à Dieu nous exaucer, en ce qu'en fin
il a fait naiſtre l'occaſion d'vne aſſemblée generale, pour informer les Chefs du païs de ce que
nous pretendons chez eux.

Il fuſt queſtion de deliberer meurement ſur vne
guerre, les Anciens de chaque bourg en concer-
terent auparauant par enſemble dans leurs conſeils particuliers. Y eſtant inuitez nous leur fiſmes vn preſent de trois à quatre cent grains de
pourcelaine, (ce ſont les piſtoles du païs) c'eſtoit
pour leur donner quelque teſmoignage comme
nous prenions part aux intereſts du public. Or
ſomme nous ſçauions bien qu'on deuoit parler

de nous en ceste assemblée generale, le Pere Superieur tâchoit de nous purger aupres des vns
& des autres en particulier sur les calomnies
qu'on nous auoit imposées, mais ils estoient des-
ja si aigris que les Capitaines qui nous estoient
les plus fauorables, luy disoient nettement que
la plus grande faueur que nous pouuions esperer estoit d'estre chassés du païs, & renuoyez à
Kébec.

Enfin l'ouuerture de la grande assemblée se
fist sur le soir du 4. d'Aoust, où apres les com-
plimens ordinaires on ne toucha pour ce coup
que les affaires de la paix auec leurs alliez, d'où
ils consulterent quasi toute la nuict, auec la prudence qu'on ne se pourroit imaginer.

Le bon fust que sur la fin du conseil N. Pere
Superieur prenant sujet de respondre, tantost à
l'vn, tantost à l'autre de ces Conseillers sur les
poincts indifferents du Ciel, du Soleil & des
Astres, il tomba insensiblement sur ceux de nostre foy, & toucha puissamment ces esprits assez
indifferents d'ailleurs, par la consideration des
flammes eternelles.

L'autre assemblée s'ouurit sur les huict heures
du soir ; ce conseil estoit composé de trois Nations, sçauoir de celle dite des Ours, nos premiers hostes, qui font en tout quatorze tant
bourgs que villages : ceux-cy tenoient vn des
costez de la cabane, on nous plaça au milieu du
mesme costé. A l'opposite estoient les deux autres Nations, au nombre chacun de quatre bourgades bien peuplées. C'est icy qu'il s'agist du
fait des robes noires, que l'on croit par tout estre

la cauſe de tous les malheurs du païs. Ils deferent
tous la qualité de Preſident à vn certain vieillard
aueugle, vn des plus recommandables de noſtre
bourg, & le plus aagé de la compagnie, reſpecté
parmy les ſiens, par la reputation qu'il s'eſtoit ac-
quiſe d'homme d'eſprit & de conduite. Voicy à
peu prés comme tout ſe paſſa.

Le premier des Capitaines met comme en la
bouche d'Ontitarac (c'eſt ce Preſident aueugle)
les termes dont il ſe deuoit ſeruir pour faire l'ouuerture du conſeil. A lors ce vieillard d'vne voix
tremblante, & neantmoins aſſez forte ſaliüa ces
Nations en general, & chacun des Chefs en particulier, ſe conioüiſſant auec eux de ce qu'ils s'e-
ſtoient heureuſement aſſemblez pour deliberer
ſur vne affaire la plus importante qui fuſt dans le
païs. Puis il exhorte toute l'aſſiſtance à proceder
ſerieuſement en ceſte occaſion, où il s'agiſſoit de
leur conſeruation; car il eſt queſtion de deſcou-
urir les autheurs de la maladie publique, & de
remedier au mal; parlez donc franchement, diſoit-il, & que perſonne ne diſſimule ce qu'il ſçaura eſtre de la verité. Là deſſus le Maiſtre de la
feſte ſolemnelle des morts, qui eſt le chef du
conſeil de tout le païs prit la parole, & exaggera
l'eſtat déplorable de ſa nation; il conclud ſon
diſcours en nous taxant comme perſonnes qui en
auions de longue main quelque cognoiſſance. Il
parloit ſi peu diſtinctement, que nous perdions
beaucoup de ſes paroles;c'eſt pourquoy N.P.Su-
perieur ayant repreſenté que, puis qu'il s'agiſſoit
de nous,il eſtoit à propos que nous compriſſions
bien tout ce qui ſe diroit,pour y pouuoir reſpon-
dre;

tre ; nous montafmes plus haut, & prifmes place
auprés de ceux qui auoient les pieces les plus
fanglantes à produire contre nous.

Ie ne fçache auoir rien veu iamais de plus lu-
gubre que cefte affemblée ; du commancement
ils fe regardoient les vns les autres comme des ca-
daures, ou bien comme des hommes qui reffen-
tent defia les affres de la mort ; ils ne parloient
que par foufpirs, chacun fe mettant à faire le de-
nombrement des morts & des malades de fa famille. Tout-cela n'eftoit que pour s'animer à vo-
mir côtre nous auec plus d'aigreur le venin qu'ils
cachoient au dedans. Il ne fe trouua perfonne
qui prift ouuertement noftre defenfe ; & tel pen-
foit nous auoir grandement obligé de s'eftre teû
tout à fait. Ils eftoient tous comme autant d'ac-
cufateurs qui preffoient viuement l'Arreft de noftre condamnation. Ils firent leur poffible par
leur dites & redites de furprendre le Pere en quelqu'vne de fes paroles. Deux vieillards nommément nous entreprirent, car les autres ne firent
que rebattre viuement ce que ceux-cy auoient
dit : l'vn d'eux parla quafi en ces termes.

Mes Freres, vous fçauez bien que ie ne parle
quafi iamais que dans nos confeils de guerre, &
que ie ne me mefle que des armes : neantmoins il
faut que ie parle icy, puifque tous les autres Capitaines font morts. Auant donc que ie les fuiue
au tombeau, il faut que ie me defcharge, & peut-
eftre que ce fera le bien du païs qui s'en va perdu ;
tous les iours c'eft pis que iamais, cefte cruelle
maladie à tantoft couru toutes les cabanes de noftre bourg, & a fait vn tel rauage dans noftre fa-

B

mille, que nous voyla reduits à deux personnes; & encore ne sçay ie si nous eschaperons la furie de ce Demon. I'ay veu autrefois des maladies dans le païs, mais ie n'ay iamais rien veu de semblable, deux ou trois Lunes nous en faisoient voir la fin; & en peu d'années nos familles s'estant restablies, nous en perdions quasi la memoire: mais maintenant nous comptons desia vne Année depuis que nous sommes affligez, & ne voyons encore aucune apparence de voir bientost le terme de nostre misere. Ce qui nous a mis iusques à present le plus en peine, est que nous ne voyons goutte en ceste maladie, & que nous n'auons peu encor' en descouurir la source. Ie vous diray ce que i'en ay appris depuis peu de iours; mais auparauant il faut que vous sçachiez que ie parle sans passion, & que ie ne fais estat que de dire la pure verité. Ie ne hays ny n'ayme les François, iamais ie n'ay rien eu à demesler auec eux, & c'est d'aujourd'huy que nous nous entre-voyons; ie ne pretens point leur faire aucun tort, seulement ie rapporteray fidelement le discours d vn de nostre nation reuenu fraischement de la traite de Kébec.

Ie serois trop long de rapporter icy les chefs de son accusation, qui consistoient en ie ne sçay quels sortileges pretendus, desquels nous aurions la cognoissance. Au reste il enrichit le tout de tant de belles paroles, & le deduisit auec tant de passion, que toute la compagnie receût ces fourbes comme des veritez. Notez que cét esprit malicieux, pour donner plus de couleur à ses contes, faisoit difficulté de receuoir le tesmoignage de

ceux qu'il sçauoit estre descriez pour leur men-
songes : mais s'il en reiettoit vn, il en rapportoit
cinquante autres prests, ce disoit-il, à soustenir
son dire.

N. P. Superieur voulant parler, laissa quelque temps ietter son feu à ce Capitaine; puis ayãt
demandé audience, luy ferma la bouche en peu
de mots, par des raisons ausquelles il n'eut point
de response; la confusion de cet accusateur n'em-
pescha pas qu'vn autre vieillard ne nous prit à
partie auec autant de subtilité, que ce qu'il nous
obiectoit estoit esloigné de la verité. Apres tout,
les Conseillers pressent importunement le Pere
de produire ie ne sçay quelle piece d'estoffe en-
sorcelée qu'il gardoit à la ruine du païs; auec as-
seurãce de vie sauüe, au cas qu'il voulut aduoüer
qu'elle estoit chez nous. Le Pere insistant tous-
jours sur la negatiue; il n'importe, dit le President, lasche seulement le mot mon Nepueu, ne
crains point, il ne te sera fait aucun tort. En fin le
Pere se voyant importuné & pressé si opiniastre-
ment; Si vous ne me croyez, leur dit-il, enuoyez
chez nous, qu'on y visite par tout, & si vous craignez de vous tromper, comme nous auons diuerses sortes d'habits & d'étoffes, iettez tout dans le
lac. Voyla iustement comme parlent les coulpa-
bles & les sorciers, repliqua-il. Comment donc
veux-tu que ie parle ? dit le Pere. Encore si tu
nous disois ce qui nous fait mourir, dit vn autre;
c'est ce que ie ne sçay pas, & ce que ie ne vous
puis dire ; mais neantmoins puis que vous me
pressez si fort il faut que ie parle.

ie vous ay desia dit souuent, mes Freres, que

nous n'auions aucune cognoissance de ceste maladie: & veritablemét ie ne croy pas que vous en puissiez descouurir la source, cela vous est caché: mais ie m'en vay vous exposer des veritez infaillibles. Apres leur auoir parlé hautement de la grandeur de nostre bon Dieu, de ses recompenses pour les bons, & des chastiments pour les meschants; il tombe sur le sujet de la contagion, les causes de laquelle il ne déduisit qu'auec peine, pour les interruptions que ces Barbares luy faisoient. Le pis fut, que le President rompit tout le discours ; en ce que, disoit-il, nous sommes apres pour recognoistre les autheurs de nos maladies : & comme si le Pere n'eust encore rien dit, il se met à le presser plus que iamais de monstrer ceste piece enforcelée : mais voyans qu'ils n'auançoient rien de ce costé-là, quelques-vns s'endorment, d'autres s'ennuyant s'en vont sans rien conclure. Vn vieillard entr'autres sortant, saliia le Pere ainsi ; Si on te fend la teste nous n'en dirons mot. Les principaux demeurerent, quoy qu'il fut desia apres minuict ; bref ils remirent la conclusion de tout au retour des Hurons , qui estoient descendus à Kébec ; ce fut vn coup de la tres-douce prouidence de Dieu en nostre endroit, veu les bonnes nouuelles que ceux-cy deuoient rapporter des François. Quelques-vns ayans plus particulierement presté l'oreille aux discours du Pere, le prierent de les instruire des moyens qu'ils deuoiét tenir pour appaiser Dieu. Le Pere tâchoit encore de les contenter là dessus, quand voyla tout à coup le Capitaine de nostre bourg (lequel iusques alors auoit gardé le silence

par maxime d'eſtat) qui s'écrie, hé quelles gens
ſont-ce-cy ! ils diſent touſiours le meſme, ils ne
ſe laſſent point de nous tenir cent fois vn meſme
langage; ils parlent ſans ceſſe de leur Oki, c'eſt à
dire, de ce grand Eſprit qu'ils adorent, de ce qu'il
a commandé, de ce qu'il defend, de l'Enfer, &
du Paradis.

Voyla toute l'iſſuë de ce miſerable conſeil.
Plaiſe à la diuine Bonté le rendre heureux pour
quelques-vns, qu'il aura poſſible touché de ſa
ſaincte Parole; ſi les effects n'en ont eſté plus fu-
neſtes, ſelon qu'ils auoient proietté, nous en ſommes redeuables apres Dieu à la tres-ſaincte Vierge, noſtre recours ordinaire, ayant fait vœu en
ceſte occaſion d'vne neufuaine de Meſſes en
l'honneur de ſon immaculée Conception.

Ce Capitaine de guerre qui parut le plus ani-
mé contre nous, ſe voyant ſi fort trompé de ſon
attente, ne feignit pas de dire qu'il ſe repentoit de
n'auoir pas retenu celuy des Noſtres qui eſt arriué le dernier, & de ne l'auoir pas mis à la queſtion, pour tirer de luy, diſoit-il, toutes les veritez que ſes freres nous celent, ie l'euſſe ſans doute perdu, & pris en quelqu'vne de ſes paroles:
mais que pouuoit-il tirer d'vn homme qui ne
pouuoit encore ſçauoir ny entendre ce qu'on luy
eût demandé?

Apres tout cela, vn de ces Meſſieurs nos Iuges
fut fort heureux de s'en venir paſſer chez nous le
reſte de la nuict, où nous l'accommodaſmes comme nous-meſmes, & la pluſpart nous vinrent demander, qui vne choſe, qui vne autre: mais il n'y
a rien de ſi commun parmy les Sauuages que la

mefcognoiffance. Par tout le païs on auoit eu fort mauuaife opinion de cefte affemblée ; plufieurs eftoient dans l'attente de la nouuelle de noftre mort : & quelques-vns firent courir le bruit qu'vn des Chefs du confeil auoit leué la hache fur le Pere.

Les mauuais bruits s'augmenterent encor apres ce confeil. Vn certain de la nation des Arendahronons, difoit-on, reffufcité depuis peu, dit auoir rencontré en l'autre monde deux femmes, lefquelles fe difoient d'Angleterre, qui l'auiferent qu'il n'iroit pas encore au païs des Ames ; mais qu'eftant reuenu en vie il eût à bruſler fa robe pour remedier à la maladie : qu'au refte les robes noires qui demeuroient auec eux, auoient de mauuais deffeins, auec refolution de ne s'en retourner en France, que lors qu'ils auront fait mourir tout le païs.

De fraifche date ie ne fçay quel Sauuages a penſé eftrangler vn ieune garçon François proche noftre cabane ; mais me voyant courir au bruit, le cruel gaigna au pied. Quelques autres ieunes efuentez ont couué de mauuais deffeins fur quelques-vns des Noftres. Tout cela nous apprend à nous vnir fortement à celuy qui s'appelle la Vie par excellence.

CHAPITRE III.

Assistance particuliere de Dieu sur nous dans nostre persecution.

BIEN que ce Conseil, dont ie viens de parler, ne determina rien à l'encontre de Nous, si causa-il de grandes alterations dans les esprits: en sorte que ceux qui auoient escouté iusques icy auec assez d'indifference les bruits qu'on semoit de nous, commencerent à entrer dans de grandes deffiances de nos façons de faire. Peu de temps apres vn des Oncles de Louys de saincte Foy nous vint voir, & nous ayant tiré à part nous aduisa; Que plusieurs des Capitaines qui s'estoient trouuez au conseil, & auoient parlé contre nous, estoient tombez malades; qu'il venoit de leur part pour sçauoir sur cela nos sentiments, en ce qu'ils auoient à faire pour recouurer leur santé; ce nous fut vne belle occasion pour l'instruire. Il nous adiousta que les Anciens n'estoient plus en credit, mais bien que la ieunesse gouuernoit tout; tesmoins, disoit-il, les deux sorciers qu'ils massacrerent n'y a pas long-temps, nous nous apperceûmes assez où il visoit; mais celuy qui ne craint que Dieu, ne craint plus rien.

Le 3. d'Octobre le feu prit à nostre cabane, nous auions sujet de iuger probablement que c'estoit vn coup de quelque mauuais esprit. Et il y auoit desia long-temps qu'on nous auoit menacé de nous brusler tous lors que nous y penserions le moins. Enuiron ce temps-là nostre flotte d'escorces, i'entend les Hurons defcendus aux François arriuerent, ils eftoient tous les plus contents du monde ; ils nous confolerent puiffamment, quand ils nous firent entendre comme quoy tant de perfonnes fignalées en vertu & en merite s'employent auec tant d'ardeur & de zele pour le falut de ces pauures abandonnez Nous vifmes des effects admirables de l'accueil qu'on leur fit au confeil que vous tinftes aux trois Riuieres. Ils ne croyent plus, ce difent-ils, que nous les faffions mourir, attendu qu'ils n'ont rien veu ny ouy par delà, qui ne les efloignaft grandement de ces finiftres foupçons.

Il eft vray que c'eft vn coup de Dieu qui donne iufques dans vn miracle, que vous leur ayez dit fur le fujet de leur maladie, non feulement la fubftance des chofes que nous leur difons icy, mais auffi dans le mefme ordre, & dans la mefme fuite que nous leur inculquons, fi qu'ils ont recognu diftinctement, ce que nous auons fouuent en la bouche, que la verité eft vne par tout. Ce fut fans doute le fainct Efprit qui vous infpira de parler auec tant d'aduantage de nos faintes Images, que plufieurs d'entr'eux auoient prife auparauant pour autant de Demons. Cefte image du Sauueur que vous fiftes efleuer en l'air, afin qu'ils la peuffent tous voir, leur fit croire qu'vn objet que tant de monde refpectoit publiquement ne pouuoit feruir à quelque magie noire & cachée. Nous beniffons Dieu, de ce que fans nous eftre communiqué, rien ne fe pouuoit faire de plus à propos dans les neceffitez où nous nous trouuions pour lors.

Tant y a que l'affliction & le defefpoir auoit fi
fort troublé l'efprit de ces Barbares, que fi par
malheur ceux qui retournoient des trois Riuieres euffent parlé de nous autres en termes moins
fauorables, nous eftions en proye à leur fureur :
mais vous les auiez tellement fatisfaits, qu'ils fer-
moient la bouche à ceux qui ne nous aymoient
pas, faifant ceffer pour quelque temps la perfecution publique ; ie dis publique, car quelques particuliers ne laifferent pas toufiours de nous donner de l'exercice. Et vn des parens du Capitaine
Aënons, qui eftoit mort aux trois Riuieres penfa
faire vn mauuais coup en la perfonne d'vn des
Noftres, qui auoit fait le voyage dans fon canot.
Voicy le precis de ce que ce bon Pere nous en
manda. Quelques Sauuages, dit-il, vinrent chez
nous, auec vne affez mauuaife volonté, ce me
fembloit ; le plus ieune d'entr'eux tenant fon Are
bandé, faifoit mine de le vouloir décocher fur
moy, difant à fes compagnons, c'eft celuy-là ;
cependant vn autre, pour me donner plus à cognoiftre m'appella par mon nom, luy donnant
affeurance que c'eftoit moy : en mefme temps vn
de la troupe regardant nos Images, les monftroit
aux autres par mefpris ; & lors il fe fit vn petit
bruit fourd entr'eux, comme s'ils fe fuffent ani-
mez à quelque mauuaife action. Ie ne fçay qui le
deftourna de me tirer ceft heureux coup ; iufques
icy le Pere. Mais voicy bien d'autres attaques.

Nous eufmes bien de la peine à nous desfaire
de certains Sauuages venus exprés de la Nation
du Petun, lefquels apres auoir veu & admiré noftre Chapelle, nous offrirent vne robe de caftor,

à ce que (difoient ces pauures gens) nous fiffions ceffer la maladie qui faifoit vn fi grand rauage dans leur païs. Ce nous fuft vne heureufe rencontre pour leur parler de noftre fainte Foy.

Peu apres vn de nos Amis nous vient dire tout hors d'halene ; mes Nepueux vous eftes morts, les Attigueenongnahac vous viendront fendre la tefte, lors que ceux du bourg feront allez à la pefche, ie l'ay appris du Capitaine. Nous iugeafmes cependant à propos de ne pas mefprifer cét aduis, pour la probabilité que nous y voyons. Nous difpofons donc nos domeftiques à ce qu'ils fe conformaffent en tout cas aux faintes volontez de Dieu ; c'eft la verité qu'ils fe difpoferent fainétemét, mais en refolution neantmoins, difoient-ils de ne pas mourir les bras croifez, ne fe voulans pas laiffer maffacrer fans fe mettre en defenfe. Pour nous autres nous eftions refolus d'attendre paifiblement la mort deuant le fainét Autel.

Ie party auffi-toft de noftre Refidence de la Conception, pour informer de tout ce qui fe paffoit, noftre P. Superieur qui eftoit en la Refidence de fainét Iofeph, fur le foir de mon départ vn de nos meilleurs amis vint querir en hafte les Peres que ie venois de quitter pour comparoiftre deuant ceux qui ne nous pouuoient fouffrir en vie qu'à regret, il nous parla en ces termes, Sus venez refpondre au côfeil, vous eftes morts ; ils trouuerent tous les Anciens affemblez auec ce Capitaine qui nous auoit fi mal traité aux autres confeils. D'abord cét homme leur parle brufquement fur le fait de la contagion, dont il attribuë la caufe aux robes noires. Sur

tout qu'Echon remontât au païs, il y a bien quatre ans, auoit dit que ce voyage ne feroit que de
cinq ans; que voyla le terme prefix tâtoft expiré;
que ce mefchant homme auoit defia trop profité
de leur ruine, & que partant on demande vn
confeil general pour l'entendre là deffus, & terminer l'affaire. Nos Peres fans s'eftonner dirent
qu'ils fiffent à la bonne heure vn autre confeil
quand il leur plairoit, que pour eux ils y affifte-
roient volontiers. Et certes Dieu les affifta bien
en cefte rencontre; car s'ils euffent changé de vi-
fage, ou chancelé en leur refponfe, on eftoit pour
vuider fur le champ leur procés, ainfi que depuis
ces barbares nous ont confeillé. En effect nous
auons fçeu que la conclufion eftoit prife de nous
faire tous mourir.

  N. P. Superieur vint en diligence pour comparoiftre en perfonne en cefte nouuelle affemblée, eftant bien aduerty par ceux de nos meilleurs Amis, que fans doute il bafteroit mal pour
luy & pour nous dans cefte confufion d'ennemis. A fon arriuée il va faluër les plus remarqua-
bles du bourg, qui ne firent que baiffer la tefte,
donnansà entendre par cefte pofture que c'eftoit
fait de nous. Bref, Dieu voulut qu'vn feul Capitaine de nos Amis, à qui nous pouuions auoir recours, fuft pour lors efloigné du bourg, peut-
eftre à ce que toute noftre efperance fuft en celuy qui nous veut entierement à luy. Le Pere
donc prend fon temps pour dreffer vne forme de
teftament, qu'il laifferoit entre les mains de quelques Chreftiens affidez, ainfi qu'ils s'y offrirent
d'eux-mefmes, pour le porter en fon temps à
Kébec: voicy les termes;

MON REVEREND PERE,

Pax Christi.

NOvs sommes peut-estre sur le point de respandre nostre sang, & d'immoler nos vies pour le seruice de nostre bon Maistre Iesus-Christ. Il semble que sa bonté vueille accepter ce sacrifice de moy pour l'expiation de mes gráds & innombrables pechez; & pour couronner dés ceste heure les seruices passez, & les grands & enflammez desirs de tous nos Peres qui sont icy.

Ce qui me donne la pensée que cela ne sera pas, est d'vn costé l'excez de mes malices passées, qui me rendent du tout indigne d'vne si signalée faueur ; & d'autre costé, par ce que ie ne croy pas que sa Bonté permette qu'on fasse mourir ses ouriers, puisque par sa grace il y a desia quelques bonnes ames, lesquelles reçoiuent ardemment la semence de l'Euangile, nonobstant les mesdisances & persecutions de tout le monde côtre nous. Mais d'ailleurs ie crains que la diuine Iustice voyant l'opiniastreté de la pluspart de ces Barbares en leurs folies, ne permette tres-iustement qu'ils viennent à oster la vie du corps à ceux qui de tout leur cœur souhaitent & procurent la vie de leurs ames.

Quoy que c'en soit, ie vous diray que tous nos Peres attendent le succez de ceste affaire auec vn grand repos & contentemét d'esprit. Et pour moy ie puis dire à V. R. auec toute sincerité, que ie n'ay pas éu encore la moindre apprehension de la mort pourvñ tel sujet. Mais nous sommes

tous marris de ce que ces pauures Barbares par
leur propre malice bouchent la porte à l'Euangile & à la grace. Quelque conclusion qu'on
prenne, & quelque traitement qu'on nous fasse,
nous tascherons auec la grace de Nostre Seigneur
de l'endurer patiemment pour son seruice. C'est
vne faueur singuliere que sa Bonté nous fait de
nous faire endurer quelque chose pour son
amour. C'est maintenant que nous nous esti-
mons vrayement estre de sa Compagnie. Qu'il
soit beny à iamais de nous auoir entre plusieurs
autres meilleurs que nous destinez en ce païs,
pour luy ayder à porter sa Croix. En tout, sa sainte volonté soit faite ; s'il veut que dés ceste heure
nous mourions, ô la bonne heure pour nous ! s'il
veut nous reseruer à d'autres trauaux, qu'il soit
beny ; si vous entendez que Dieu ait couronné
nos petits trauaux, ou plustost nos desirs, benis-
sez-le ; car c'est pour luy que nous desirons viure
& mourir, & c'est luy qui nous en donne la grace. Au reste si quelques-vns suruiuent, i'ay donné
ordre de tout ce qu'ils doiuét faire. I'ay esté d'aduis que nos Peres & nos domestiques se retirent
chez ceux qu'ils croyront estre leurs meilleurs
amis ; i'ay donné charge qu'on porte chez Pierre
nostre premier Chrestien tout ce qui est de la Sa-
cristie, sur tout qu'on ait vn soin particulier de
mettre en lieu d'asseurance le Dictionaire ; &
tout ce que nous auons de la langue. Pour moy,
si Dieu me fait la grace d'aller au Ciel, ie prieray
Dieu pour eux, pour les pauures Hurons, &
n'oublieray pas Vostre Reuerence.

Apres tout, nous supplions V. R. & tous nos

Peres de ne nous oublier en leurs sainɛts Sacrifices & prieres, afin qu'en la vie, & apres la mort, il
nous fasse misericorde ; nous sommes tous en la
vie & à l'Eternité.

DE VOSTRE REVERENCE,

Tres - humbles & tres - affe-
ɛtionnez seruiteurs en No-
stre Seigneur ;

En la Residence
de la Conception,
à Ossossané ce 28.
Oɛtobre.

IEAN DE BREBEVF.
FRANÇOIS IOSEPH
LE MERCIER.
PIERRE CHASTELLAIN.
CHARLES GARNIER.
PAVL RAGVENEAV.

I'ay laissé en la Residence de sainɛt Ioseph les
Peres, PIERRE PIIART, & ISAAC IOGVES,
dans les mesmes sentimens.

VOYLA les pensées que Dieu nous inspiroit
alors. Or en ceste extremité d'affaires, nostre recours fust au grand sainɛt Ioseph ; faisants
tous vœu à Dieu de dire neuf iours consecutifs
la sainɛte Messe en son honneur ; lesquelles nous
commençasmes le iour des Sainɛts Simon & Iu-
des. De plus, comme il estoit important que ce
peuple sçeût l'affeɛtion que nous auions à leur
bien, & le peu d'estat que nous faisions de ceste
vie miserable ; le Pere trouua bon de les inuiter à
son Atsataïon, c'est à dire festin d'Adieu, tel qu'ils
ont coustume de faire quand ils approchent de

la mort. Noftre cabane regorgeoit de monde ; il
eût là vne belle occafion de leur parler de l'autre
vie : le morne filence de ces bonnes gens nous at-
triftoit plus que noftre propre danger.

Cependant vn, deux & trois iours s'efcoule-
rent auec l'eftonnement de tout noftre bourg,
fans quė ces Meffieurs nous menaçent plus de
mourir dans leur affemblée. Ie ne fçay pas fi le
diable auoit mutiné ces Barbares contre nous : fi
puis-ie dire, que nous n'auions pas encor acheué
noftre neufuaine, que toutes ces tempeftes s'ap-
paiferent ; en forte qu'eux - mefmes s'en eſtonnoient entr'eux auec raifon. Pouuons - nous pas
efperer qu'vn iour ce grand Patron de nos Infide-
les fera paroiftre des effects encore plus admirables dans le changement de leurs cœurs ? Tant y
a que depuis le 6. de Nouembre que nous acheu-
uafmes nos Meffes votiues à fon honneur, nous
auons iouy d'vn repos incroyable, nous nous en
efmerueillons nous-mefmes de iour en iour,
quand nous confiderons en quel eftat eftoient
nos affaires il n'y a que huiȼt iours.

CHAPITRE IV.

Des Hurons baptifez cefte année 1638.

S I nous auons trouué la porte fermée aux autres bourgades, ou les deux & trois cens mou-
roient, helas fans affiftance ! Dieu nous a difpofé
en ce bourg des efprits & des oreilles qui ont receu tres-volontiers fa faincte parole. Nous auons

baptifé plus de cent perfonnes tant hômes faits,
que petits enfans, dont quarante-quatre font
maintenant, côme nous croyons, dans le Ciel; au
moins fommes-nous bien affeurez de vingt-deux
petites Ames innocétes que la mort a tiré du ber-
ceau, & la grace du S. Baptefme a mis au nombre
des bien-heureux. La plus grande de nos peines
eftoit de fçauoir ceux qui eftoient malades, tant
cefte recherche leur eftoit odieufe. Vous n'aymez
que les malades & les morts, nous difoit-on : fi
que fans ceffe nous faifions la ronde par les cabanes ; car fouuent tel eftoit pris & emporté en
moins de deux iours. Le plus ordinaire de nos
meftiers eftoit celuy de Medecins, en deffein de
decrediter de plus en plus leurs forciers, auec
leurs regimes imaginaires ; quoy que pour toute
medecine nous n'euffions rien à leur donner
qu'vn petit morceau d'efcorce de citron ou ci-
troüille de France qu'ils appellent, ou quelques
grains de raifin dans vn peu d'eau tiede, auec vne
pincée de fucre : tout cela pourtant, auec la benediction que Dieu y donnoit faifoit des merueilles, & à les entendre rendoit la fanté à plufieurs.
Nous eftant trouuez au bout d'vn peu de confer-
ue de trois ou quatre ans, il nous falut, pour contenter ces pauures languiffans, lauer & tordre
dans vn peu d'eau le papier qui luy auoit feruy
d'enueloppe ; cefte eau fentoit plus le papier &
l'ancre que le fucre : & cependant c'eft vne chofe incroyable comme ces pauures gens la trou-
uoient bonne. Dieu benie ces cœurs charitables
qui nous enuoyerent il y a deux ans quelques
onguents, ils feront bien confolez d'entendre

que ce qui n'eſt ordonné que pour les corps, à
ſeruy pour guerir quantité d'ames abandonnées.
Ie ne ſçay comme cela ſe fait, mais on n'a icy aucune horreur de ce qui feroit bondir le cœur en
France. Auſſi noſtre plus grand creue-cœur eſt,
qu'apres toutes ces aſſiſtances pour le corps, la
pluſpart de ces ames abandonnées ſe rebutent à
l'ouuerture de noſtre ſaincte creance ; tant il eſt
mal-aiſé de ramener vn pauure Sauuage à ſon
Createur. C'eſt pitié de voir icy le domaine que
le Diable va exerçant ſur vn eſprit infidelle ! par
exemple, ſi vous leur parlez de l'Enfer, ils vous
reſpondront froidement, qu'ils ne voudroient
pas aller ailleurs qu'auec leurs Parents qui y ſont
deſia : ô que ces difficultez nous font cognoiſtre
le peu que nous pouuons : c'eſt pourquoy noſtre
refuge ordinaire apres Dieu, eſt en la bien-heu-
reuſe Vierge, ſa ſaincte Mere, & à ſon tres-glo-
rieux Eſpoux ſainct Ioſeph. Le cœur nous dit,
que c'eſt par ces ſacrez canaux que Dieu veut faire couler ſur nous & nos Sauuages les torrens de
ces graces.

   Voicy les choſes plus notables dans quelques
Bapteſmes. Vn des noſtres venoit de baptiſer
vne fille, qui n'attendoit que la mort, quand quelques-vns des parents de la malade entrent, parmy
leſquels vne femme tenoit vn petit enfant d'enuiron deux mois, il apprend que c'eſt vn pauure
orfelin qui ne tette quaſi plus ; il le baptiſe du
conſentement de celle qui le portoit. Le lendemain la malade meutr, & ce petit innocent
eſtant pris de la contagion, s'en alla bien-toſt tenir ſon rang parmy ſes ſemblables.

C

N. Pere Superieur pendant ſon dernier voyage pour le conſeil, eût aduis qu'vne pauure femme d'aſſez bon naturel luy vouloit parler; il ne
fut pas pluſtoſt entré dans la cabane, que ceſte
pauure malade luy dit aſſez haut, ô Echon, que
i'ay eu ceſte nuiƈt vn beau ſonge! il m'a ſemblé
voir vn ieune homme veſtu d'vne robe blanche
comme neige, & beau comme vn François, qui
alloit baptiſant tout noſtre bourg; ie prenois
grand plaiſir à le voir: & maintenant ie te prie de
me baptiſer. Le Pere l'inſtruiſit pour ce qui eſtoit
du ſonge, & luy expliqua le Catechiſme auec
beaucoup de conſolation de part & d'autre. La
cognoiſſance qu'elle eût des peines de l'Enfer, &
des joyes du Paradis, luy firent ſouhaiter & demander le ſainƈt Bapteſme auec plus d'inſtance;
il n'y auoit rien en apparence qui preſſaſt du coſté de ſa maladie, mais le Pere ſe ſentant inſpiré
fortement, luy accorda ſa requeſte. Elle ne paſſa
pas deux iours ſans aller receuoir dans le Ciel la
recom꞉ ⸱ſe de ſa Foy.

Dans le meſme mois Dieu attira à ſoy vn ieune
enfant de quatre ou cinq ans, par vne faueur
bien particuliere. Nous parcourions les cabanes, lors qu'vne fille toute eſpleurée nous vient
au deuant: helas! diſoit-elle, le pauure enfant
vient de mourir; nous rentrons (car nous n'en
venions que de ſortir) nous trouuons le pauure
petit qui tiroit à la fin, nous le baptiſons du conſentement de ſon grand Pere, deux heures apres
il eſtoit au Ciel; il auoit eſté rapporté le meſme
iour du bord de l'eau, où ſes parents eſtoient à
la peſche, & n'eſtoit tombé malade que du iour
precedent.

Vn petit innocent de deux mois n'auoit pas la
mine de la faire bien longue: vne fille qui le portoit sur son dos, selon leur coustume, s'amusant
apres le Chapellet d'vn des Peres, l'autre le ba-
ptise lestement; le pauure petit n'attendoit que
ceste faueur du Ciel pour s'y enuoler.

CHAPITRE V.

La Conuersion de Ioseph Chiuatenhua natif de
ce bourg d'Ossossanë.

IL faut icy que quelques-vns de nos François
corrigent l'imagination qu'ils ont eu de nos
Sauuages, se les figurant comme des bestes fa-
rouches, pour n'auoir rien d'humain que l'E-
conomie exterieure du corps. Voicy vn Neophyte entre les autres à qui Dieu a touché le
cœur, qui ne cede en rien au plus zelé Catholi-
que de la France.

Ce Sauuage surnommé Chiuatenhua estant en
danger de mort, receut le 16. d'Aoust le nom de
Ioseph au sainct Baptesme ; deslors il ne nous
promettoit rien de mediocre, mais depuis, sa foy
a esté tellement esprouuée par la persecution, &
va tous les iours cooperant auec tant de fidelité
aux graces de Dieu, que si ceste infinie misericorde, qui l'a preuenu si auantageusement de ses benedictions, luy donne la grace de perseuerer, il
est pour seruir de modele à tous les croyants de
ceste nouuelle Eglise. Ie me persuade assez que
tant d'ames sainctes, qui par les secours qu'elles

rendent continuellement à ces Miſſions, & par
leurs feruentes prieres ont veritablement engen-
dré en N. Seigneur ces premiers Chreſtiens, feront bien aiſes de ſçauoir que leurs enfants ſpi-
rituels commencent deſia à begayer.

Ce braue Neophyte eſt aagé de trente-cinq
ans ou enuiron, & n'a quaſi rien de Sauuage que
la naiſſance. Or quoy qu'il ne ſoit pas des plus
accommodez de ce bourg: il eſt neantmoins d'v-
ne famille des plus conſiderables, & neueu du
chef de ceſte Nation. Il a l'eſprit excellent, non
ſeulement en comparaiſon de ſes compatriotes,
mais meſmes, à noſtre iugement, il paſſeroit pour
tel en France. Pour ſa memoire nous l'auons ſouuent admirée, car il n'oublie rien de ce que nous
luy enſeignons, & c'eſt vn contentement de l'entendre diſcourir ſur nos Saincts Myſteres. Dés ſa
ieuneſſe il s'eſt engagé dans le mariage, & n'a
eu iamais qu'vne ſeule femme, contre l'ordinaire
des Sauuages, qui ont couſtume en cét aage d'en
changer quaſi en toutes les ſaiſons de l'année: il
n'eſt point ioüeur, & ne ſçait meſme manier les
pailles, qui ſont les cartes du païs : il n'vſe point
de Petun, qui eſt comme le vin & l'yurongnerie
du païs : s'il en fait chaque année en vn petit jar-
din proche ſa cabane ; ce n'eſt, dit-il, que par paſ-
ſe-temps, ou pour en donner à ſes amis, ou pour
en achepter quelques petites commoditez pour
ſa famille: il ne s'eſt iamais ſeruy de ſort pour eſtre
heureux, à leur opinion, ſoit au jeu, ſoit à la peſche, &c. qui eſt toute l'ambition de ces pauures
Barbares : & meſme ſon Pere en ayant laiſſé vn
apres la mort, dont il s'eſtoit, dit-on ſeruy heu-

reufement plufieurs années , le pouuant prendre
pour luy , il ne s'en eft pas mis en peine , fe con-
tentant de fa petite fortune : iamais il ne s'eft
adonné aux feftins diaboliques . Adjouftez à tout
cela vn beau naturel, docile à merueilles , & contre l humeur du païs, curieux de fçauoir.

Le premier coup de grace qui l'efbranla , ce
fuft le premier difcours que fit iamais le P. Superieur en vn de leurs confeils au fujet de leur fefte
des Morts : car il demeura deflors fi fort affe-
ctionné & à nous & à nos Saincts Myfteres, que
peu apres il prefenta au P. Superieur vn fien petit
fils pour eftre baptifé : & enfuite , comme il difoit, pour aller au Ciel. Prefque en mefme temps
le Pere confolant ceux de fon bourg , fur la maladie qui rengregeoit de iour en iour , & leur ou-
urant les moyens les plus efficaces pour appaifer
Dieu : ce bon Sauuage fuft tellement touché,
que deflors il fe rendit à la raifon & au S. Efprit.
Il commence donc à prier Dieu de foy-mefme,
à rouler en fa penfée fes SS. Commandements,
lefquels il iugeoit fi raifonnables ; à fe mocquer
de fes fonges. Bref il paffe defia pour Chreftien
parmy les fiens , *Beatus quem tu erudieris Domi-*
ne, & de lege tua docueris eum.

Depuis noftre demeure en fa bourgade il
nous eft toufiours venu vifiter, auec vne tres-
grande confolation de part & d'autre: fon entretien le plus ordinaire n'eftoit que de Dieu & de
fa loy. Et ce qui eft bien rare parmy nos Sauuages, iamais il ne nous demandoit rien,quoy qu'il
n'ignoraft pas l'affection que nous auions pour
luy:il procuroit aux petits enfants le S. Baptefme.

& Dieu le luy procura par le danger d'vne fievre
pestilentielle, qui sembloit le vouloir estouffer :
il ne s'en sentit pas pluftoft frappé, que tout ef-
meu qu'il estoit, il accourt chez nous, nous prie
de l'instruire comme quoy il se deuoit comporter pendant sa maladie, au cas qu'il pleût à Dieu,
ce difoit-il, l'affliger comme les autres : & de
quelle forte de remedes il luy feroit permis de fe
feruir. Ce fut pour nous vne confolation bien
fenfible d'entendre les beaux actes de refignation que faifoit ce bon Profelyte dans noftre
Chapelle.

Le lendemain nous le trouuafmes affez mal :
ô que Dieu luy auoit touché le cœur ! doutant fi
vn certain remede eftoit permis, il nous fait chercher par les cabanes. Mes freres, difoit-il, fi vous
me dites que cefte medecine defplaift à Dieu, i'y
renonce dés maintenant; & pour rien du monde
ie ne m'en veux feruir. Il nous obeïffoit en tout
fort ponctuellement, non feulement pour la conduite de fon ame, mais mefme pour le regime de
fa fanté. Arriua que l'ayant couuert pendant l'ac-
cez, il demeura ainfi tout le iour auec affez d'incommodité, iufques à noftre retour ; & lorsil
nous fit rougir, nous demandant auec fa candeur
naturelle s'il pouuoit fe mettre vn peu plus à l'air.
Iugeants enfin que le mal preffoit, nous luy par-
lafmes de fon Baptefme. Ce n'eft pas à moy, dit-
il, à parler là deffus, non ce n'eft pas à moy : mais la
fincerité de fon cœur parut bien-toft, en ce qu'il
adjoufta incontinent ; Ie vous ay fi fouuent tef-
moigné que ie croyois, ie vous ay cent fois demandé le Baptefme : & depuis le temps de ma

maladie vous ne m'estes iamais venu voir, que
ie n'aye dit en moy-mesme, Hé que ne me bapti-
sent-ils ! c'est à eux à en disposer, car ils sçauent
trop bien que i'en seray tres-content. Son Baptesme donc, & le nom de Ioseph luy remplirent
le cœur de consolation, se voyant en estat comme il pensoit d'aller au Ciel. Il continuë dans sa
Resignation amoureuse à la saincte volonté de
Dieu, pour la vie ou pour la mort. Et c'est par ce
beau chemin que Dieu l'a tousiours conduit depuis sa conuersion ; ne desirant en ce monde que
le bon plaisir de son Createur.

Quel cœur ne se fut attendry de voir vn Sauuage au lict de la mort, parler non seulement en
vray Chrestien, mais aussi en bon Religieux. Ce
spectacle seul nous essuyoit le peu de ressentimét
que nous pouuions auoir de tout ce qui se bras-
soit pour lors contre nous. Vn de nos souhaits
estoit, que quelques personnes qui sont en France eussent le bien de voir ce que nous ne pouuions voir sans larmes de deuotion. Dans le plus
fort de la resuerie on ne luy parloit pas plustost
de nostre bon Dieu, qu'il reuenoit à soy auec des
actes de vertu, capables de toucher les plus en-
durcis. Il ne sçauoit quels remerciements nous
faire, pour les petits seruices que nous luy ren-
dions, selon nostre petit pouuoir.

Nous attribuons sa santé à son sainct Patron ;
car il parut hors de danger deux iours apres que
nous l'en suppliasmes de bon cœur. Dieu sans
doute, disoit-il, aura eu esgard à ma resignation :
maintenant donc, puis qu'il luy à pleu me rendre la santé, ie suis resolu de luy estre tres-fidelle

C iiij

toute ma vie ; ie feray en forte que les autres le cognoiſſent. Depuis nous auons admiré tous les iours en ce Sauuage les effects de la grace de Dieu : c'eſt aſſez de dire que l'eſcolier va ſurpaſſant de beaucoup l'eſperance de ſes Maiſtres. Son feſtin de conjoüiſſance qu'il fit, ſelon leur couſtume, fut veritablement vn des beaux Auditoires qu'on puiſſe voir ; là ce nouueau Predicateur fit merueilles, commençant par le *Benedicite* des Chreſtiens qu'il dit tout haut en ſa langue ; les loix du banquet n'y contribuant pas peu, qui portent que le Maiſtre du feſtin ſe contente d'entretenir les conuiez : tous l'admirerent, & diſoient entr'eux qu'il auoit vn grand eſprit, & s'eſtonnoient de le voir dans la reſolution de viure en Chreſtien.

Chapitre VI.

La conduite de Dieu ſur noſtre nouueau Chreſtien.

DEslors que noſtre Ioſeph eût recouuert ſes forces, il vint remercier Dieu en noſtre petite Chapelle de la ſanté qu'il auoit reçeu de luy, luy promettant de mieux viure cy-apres, & de faire profeſſion publique de ſon ſeruice. La vie qu'il a mené depuis n'a en rien démenty ceſte ſaincte & genereuſe reſolution. Vn mot de ſes vertus plus inſignes.

Sa Foy.   Il eſt ſi bien fondé en la Foy, qu'il fait grand ſcrupule de faire quoy que ce ſoit, deuant que d'auoir offert à Dieu son action; iusques-là qu'il se plaignit vn iour à nous de ce qu'il visitoit par fois ses parents, sans considerer si Dieu agréeroit ses visites. Pendant sa pesche ou sa chasse il s'a-dresse à Dieu, luy disant de cœur, Vous qui auez tout fait, vous estes le Maistre des animaux, si vous en faites tôber quelqu'vn dans mes pieges, soyez beny : sinon, ie ne veux que ce que vous voulez. Il ne manque pas de venir prier Dieu en nostre Chapelle, le matin & le soir, où il em-ploye chaque fois vn bon quart-d'heure : il fait quantité d'actes d'Adoration, lesquels il termine par celuy de la contrition : il n'a pas de honte de s'agenoüiller & prier Dieu en presence des au-tres, sans s'interrompre pour ceux qui sortent & entrent dans sa cabane.

En moins d'vn mois sa cabane & celle de son Frere fut pleine de malades ; il perdit quantité des siens, & sur tout le dernier de ses enfans, qui estoit le cœur de son cœur. Ces afflictions dome-stiques ne le troublerent aucunement, il ne chan-cela pas dans l'esperance qu'il auoit en celuy qui l'esprouuoit : il apprit à tous ses malades la pra-tique de l'entiere resignation d'eux-mesmes en-tre les mains d'vn si bon Pere. Iamais il ne permit qu'aucun Sorcier (qui sont icy les Medecins) mit le pied dans sa cabane. Tout son recours estoit à Dieu, qu'il prioit ardemment pour leur santé. Il eût bien de la peine à se roidir contre les reproches de ses parents, qui luy remonstroient le danger manifeste de mort ; ensemble l'expe-rience qu'ils pensent auoir de leurs remedes ou sortileges. Son courage anima mesme son beau-

frere à fermer la bouche à ſa femme languiſſan-
te, qui auoit ſongé ie ne ſçay quel feſtin ; N importe, luy dit ce bon homme, que tu meure,
pourueu que Dieu ſoit obey. Son premier ſoing
qu'il prenoit des malades, c'eſtoit de les faire baptiſer ſans attendre l'extremité. Nous baptiſaſ-
mes ſon aiſné aagé de ſix à ſept ans, croyants qu'il
n'en eſchaperoit pas, il receut le nom de noſtre
ſainct Fondateur. Celuy qui nous contenta le
plus, ce fut vn ſien nepueu à l'aage de dix-neuf à
vingt ans, que nous appellaſmes Pierre, il eſt
Dieu mercy l'imitateur de ſon bon Oncle. Il y
auoit du plaiſir à parler de Dieu aux malades
dans ceſte grande cabane de cinq familles. Trois
de ſes petites niepces, dont la plus aagée eſt d'enuiron de dix à douze ans, & les deux autres de
cinq à ſix, toutes filles d'eſprit, furent du nombre, elles receurent au Bapteſme les noms des
Sainctes Agathe, Cecile, & Thereſe. Il procura
le nom d'Anne à ſa belle-ſœur, laquelle, Dieu
mercy, retourna en ſanté, auec vn petit poupon à
la mammelle, qui ſurueſcut au grand eſtónement
de tout le monde. Voyla bien des malades dans
vne cabane, mais auſſi voyla de grandes faueurs
du Ciel en peu de temps ! Or pour reuenir à noſtre Pere de famille, il nous creuoit le cœur à
tous, en l'offrande heroïque qu'il alloit reiterant
de ſon Benjamin ; car pour vaincre le ſentiment
naturel que luy donnoit le danger de ce cher enfant, il l'offroit cent fois le iour à Dieu, auec des
termes d'vne confiance vrayement Chreſtienne ;
par fois il le prenoit entre ſes bras, & parloit à ce
petit, cóme s'il eût eu bien de la raiſon ; Thomas

mon cher enfant, luy disoit ce bon Pere, nous ne
sommes pas les Maistres de ta vie, si Dieu veut
que tu ailles au Ciel, nous ne sçaurions te retenir sur terre, iugeant enfin qu'il alloit mourir :
Vous m'auez (nous dit-il) enseigné ce que ie deuois dire à Dieu pour sa santé, dites moy maintenant comme ie m'adresseray à luy quand il sera mort : ô que ceste demande nous fut sensible !
Ce petit Ange s'estant enuolé au Ciel, nous iu-
gions à propos d'attendre vn peu, & laisser couler les premieres larmes : mais il vint luy-mesme
nous en apporter la nouuelle. Nous le menasmes
deuant le sainct Sacrement, où il parla en vray
Abraham. Nous allasmes pour consoler la pauure Mere, & assister aux funerailles : la saison
n'est pas encore d'obtenir de ces peuples que
nous ayons vn cimetiere particulier.

Il ayme Dieu auec tant de sincerité, que nous Sa Cha-
sommes rauis de l'entendre par fois parler à Dieu rité.
dans ses prieres (car nous le faisons encore prier
à haute voix) il les fait auec des sentiments qu'il
n'a peu apprendre que du sainct Esprit. Il ne sçait
bonnement de quels termes se seruir, pour luy
faire les remerciemens de luy auoir donné la foy.
Il prie Dieu tous les jours pour toute sa Nation,
de si bonne grace, qu'il faudroit estre de bronze
pour n'en estre pas esmeu. Il trouue de soy-mes-
me de iour en iour de nouueaux motifs, pour
former des actes de contrition, concluant ainsi
d'ordinaire, ouy mon bon Dieu, ie vous honore-
ray toute ma vie, & vous aimeray de tout mon
cœur ! Il nous asseura vn iour que les pensées du
Ciel & de la bonté de Dieu luy touchoient le

cœur, plus que celles de l'Enfer ne luy dónoient
de crainte. Il fut vne autre-fois bien surpris,
qüand ayant manqué à se trouuer à la Messe le
Dimanche, il nous dit tout esperdu qu'il estoit;
Comment donc ? aurois-ie bien fait vn peché
grief? ie ne le pense pas ! car vous ne m'auiez pas
encore parlé de ce peché. Aussi, luy dismes-nous,
il n'y a que ton ignorance qui t'excuse. L'estant
allé voir sur le soir, nous le trouuasmes tout pen-
sif: Ah, ce dit il, mes Freres, i'ay fait vne faute ce
matin, mais i'en demande pardon à Dieu de tout
mon cœur. Dans l'explication du sainct Sacrement de Penitence, il fut tout consolé de la bonté de Dieu, qui nous a laissé vn moyen si facile &
si efficace pour r'entrer en sa grace. Il auoit fait
partie pour aller à quelques lieuës d'icy assister vn sien nepueu en quelque ouurage, où
il alloit (à son dire) d'autant plus volontiers
que Nostre Seigneur nous commandoit de nous
entr'aymer les vns les autres: mais ayant sçeu que
le lendemain c'estoit le vray iour (c'est ainsi qu'en
leur langue nous exprimons le Dimanche, il voulut differer à vn autre. C'est bien assez, disoit-il,
d'auoir fait la premiere faute, sans en faire vne se-
conde : Que si on me demande la cause de mon
retardement, ie veux bien qu'on sçache que i'aime Dieu, & que ie fais estat de ses sainctes Or-
donnances. En vn mot, tout son deduit est de
s'entretenir des choses de Dieu ; ce qui nous est
vn grand aduançement pour la langue, car il
s'enonce brauement, & en bons termes.

Ie serois trop long, si ie voulois raconter par
le menu toutes les autres circonstances de ses

vertus ; ie me contenteray de dire ce qui ne se
peut assez dire ; 1. Qu'il a vne horreur extreme
du peché, ne nous parlant quasi iamais, qu'il ne
nous propose quelque cas de conscience, laquelle il a tres-delicate. 2. Qu'il presche hautement
& à toutes rencontres Iesus-Christ, & d'exemple
& de paroles ; il le fit bien paroistre dans les conseils dont i'ay parlé cy-dessus. Nommément il
est admirable en l'instruction continuelle de sa
cabane, leur inculquant à tout propos les Saincts
Commandements de Dieu. 3. Qu'il a vne particuliere communication auec Dieu, le priant
chaque iour la larme à l'œil, à ce qu'il luy plaise
regarder en pitié son pauure païs. Si que c'est vne
de nos plus sensibles consolations, de nous trouuer auprez de luy quand il fait ses prieres ; sur
tout son action de grace apres la Communion.
4. Deuant & apres les instructions qu'on luy
fait, il y a du plaisir de le voir à genoux pour demander la grace de l'Esprit diuin ; iusques-là qu'il
s'est captiué luy-mesme à apprendre cét hyuer à
escrire, pour retenir & repeter ce qu'on luy dit,
mais sur tout pour remarquer, disoit-il, plus clai-
rement le nombre de ses pechez. 5. Il s'adonne
à vne pureté de conscience incroyable, se iettant
souuent à nos pieds pour se confesser, faisant scru-
pule de la moindre chose. 6. Il se tiendra par
fois en prieres les trois quarts-d'heure entiers à
deux genoux, qui est vne posture tres-difficile à
vn Sauuage. 7. Au reste c'est merueille des forces que Dieu luy donne pour combattre à tout
propos les grandes difficultez que le Diable luy
va suscitant par ceux de sa Nation : qui a l'inuiter

à leurs festins infames & superstitieux, qui à se
mocquer ouuertement de luy. Il nous dit vn iour
auec sa naïfueté ordinaire, Ouy, mes Freres, ie
suis tellement resolu de garder iusques à la mort
la fidelité que i'ay voüé a mon Dieu, que si quelqu'vn me vouloit faire retourner à mes premieres folies, il m'arracheroit plustost la vie. Bref, le
precis de sa deuotion consiste en vne saincte ten-
dresse de cœur que Dieu luy donne pour le
grand & amoureux respect qu'il porte au sainct
Sacrement; pour l'honneur qu'il rend à son Ange gardien & son grand Patron, pour recommander à la saincte Vierge son païs, & les ames
des fidelles Trespassez.

Du commencement vne seule chose luy faisoit
de la peine, c'estoit quand nous l'asseurions que
Dieu a de coustume d'esprouuer ses plus fidelles
seruiteurs par les souffrances & les tribulations:
de fait il nous disoit n'agueres, qu'à propos de
l'histoire de Iob il auoit souuent dit à Dieu, mon
Dieu, ie vous prie ne faictes pas espreuue de ma
foy, vous cognoissez mes plus secrettes pensées,
vous sçauez que c'est tout de bon que ie croy en
vous, helas ne m'affligez point. Mais ceste infinie
bonté qui le comble de iour en iour de nouuelles
graces, luy fit bien peu apres changer de sentiment & de langage.

Ie finiray ce Chapitre, en disant, que sa constance au bien l'a rendu remarquable luy & toute
sa famille, non seulement à ceux du bourg, mais
mesme à tout le païs; en sorte qu'on en parle fort
diuersement; les plus raisonnables l'ont admiré,
& l'admirent encore tous les iours; d'autres s'en

mocquent, & appellent sa famille, par derision,
la famille des Croyants. Il s'en est trouué quantité qui luy ont reproché les dangers où il se mettoit luy & les siens, ne se voulant seruir des remedes de tout le païs. Bref, le bruit a esté quasi vni-
uersel, que ces bons Chrestiens s'estoient possible associez auec nous pour perdre toute leur nation par la maladie. Où Dieu l'a le plus esprouué,
eu égard aux langues mesdisantes ; ce fut à mon
aduis en vn voyage qu'il fit pour la chasse de
l'Ours : car bien que ceux qui songent icy le
mieux, & croyent ce qu'ils ont songé, passent par
vne tromperie diabolique, pour les meilleurs
chasseurs ; nostre Chrestien neantmoins qui se
mocquoit de tous les songes retourna les mains
vuides, auec le mespris, ce luy sembloit, de nostre
saincte Foy dans l'esprit de ses compagnons, lesquels attribuants le bon-heur de leur chasse à
leurs songes, luy donnerent bien du sujet de patience, & le gausserent sanglammét sur sa croyan-
ce; il tint bon cependant, se retranchant tousiours
dans l'entiere & forte resignation à la saincte volonté de Dieu.

CHAPITRE VII.

*Iour de S. Ioseph solemnel dans les Hurons
pour quelques circonstances.*

DESLORS que nous vismes nostre bon Ioseph dans le train d'vn veritable Chrestien,
nous souhaitasmes la mesme grace à sa femme

pour le bien de toute sa famille : car bien qu'elle
creut en Dieu, elle ne se desfit pas si tost de tout
ce qui estoit contraire à la loy de Dieu. Il pleût
donc enfin, comme nous croyons, au grand sainct
Ioseph, Patron de ceste famille, & de tout le païs,
luy toucher le cœur en sorte, que nous iugeasmes
à propos de disposer son Baptesme pour le iour
de sa feste. La veille de ce beau iour, son mary fit
vn festin solemnel à ses parents & à ses amis les
plus considerables du bourg, où nous assistasmes.
Il le commence par la benediction de l'Eglise ; &
pendant que la chaudiere se vuide il les entretiét
brauement ; voicy ce qu'il leur disoit, Mes Freres,
ie veux bien que vous sçachiez que ma femme est
entierement resoluë de croire en Dieu, & le seruir : & que dés maintenant elle abandonne pour
iamais toutes les superstitions du païs, pour estre
baptisée. Pour moy, & le reste de nostre famille
nous auons tous esté baptisez pendant la maladie. Echon paracheuera seulement quelque chose qui y manque ; il termina toute la ceremonie
auec l'action de graces des Chrestiens, qu'il fit à
haute voix.

La nouuelle ne fut pas plustost respanduë par
la bourgade, que nous allions ouurir la Feste ;
quand nostre cabane se trouua pleine non seulement des plus considerables, mais d'vne grande
partie de la ieunesse ; en sorte que si elle eût esté
capable, ie ne sçay s'il fut resté personne dans le
bourg. La cabane estoit parée assez honneste-
ment pour nostre pauureté ; sur tout nous y ad-
mirions vn silence extraordinaire pendant toute
la ceremonie ; soit que l'éclat que nous y apportions

portions leur donna dans les yeux , soit que le
S Esprit leur toucha pour lors les cœurs. Ce qui
nous rauisoit le plus, ce furent nos Neophytes,
le bon Ioseph , Marie sa femme , Pierre son nepueu, & deux de ses petites niepces baptisées en
danger de mort. Son frere eust esté de la partie,
ne manquant pas de foy ny de bonne volonté
pour cela ; mais parce qu'il auoit de la peine à
quitter vn mestier diabolique, auquel il est passé
maistre, nous l'auions remis pour vn autre téps;
lors que nous supplerions les ceremonies du
baptesme, que nous auions esté côtraints d'ob-
mettre à celuy de sa femme & de ses deux enfans.
Mais ceste femme (qui n'estoit venuë qu'en intention de voir) touchée, côme il est à croire, du
S. Esprit, fendit la presse auec son petit garçon
qu'elle auoit à la mammelle , & vne petite fille
de 5. à 6 ans, demandant la mesme faueur qu'on
alloit faire aux autres. Chose qui augmenta
beaucoup la ioye de ce grand iour.

Nous commençasmes la celebrité par vne priere, que nous chantasmes en leur langue, laquelle
nous auions composée exprez, en faueur de cette heureuse famille. Ie ne dis rien de la deuotion
du Pere de famille , qui redoubla en ceste cele-
bre action. Apres les ceremonies du baptesme
N. Superieur s'addressant à toute l'assemblée,
leur parla hautement de la sainčteté du Mariage
parmy les Chrestiens. Puis interrogeant là dessus nostre Ioseph & Marie sa femme, qui luy sa-
tisfirent pleinement, il procede aux ceremonies
de l'Eglise pour leur mariage, dont il est à croire
qu'ils receurent la grace, que sembloit meriter la
fidelité qu'ils s'estoient gardez iusques alors. La

D

foule estant escoulée, nos deux mariez, & leur
nepueu Pierre approcherét de la Sainéte Table,
referuant cette faueur aux autres, quand elles en
feroient capables. Nous les bienueignâfmes en
compagnie de fix des plus notables d'vn petit fe-
ftin de quelques poiffons enfumez. Ils monftre-
rent par leur Ho ho ho redoublez le contentement qu'ils en receurét : poffible pour les beaux
difcours auec lefquels N. Superieur affaifonnoit
ce peu que nous gardions depuis l'Automne.

Dieu nous deftrempa vn peu cette ioye, en ce
qu'Anne la belle fœur de Iofeph (c'eft elle qui fe
prefenta de fon bon-gré pour accompagner les
autres au baptefme auec fes deux enfans) fuft
prife mefme le foir d'vne fiebure fi maligne, que
la voila au tombeau en moins de 2. fois 24. heures. Nous auions beau nous côfoler fur ce qu'elle eftoit morte apres les deuoirs d'vne bonne
Chreftienne, car d'vn cofté l'affliction foudaine
de cette bône famille, & d'ailleurs l'eftonnemét
vniuerfel de toutes les cabanes, nous donnoiét
bien de quoy penfer, & recommâder à Dieu fon
affaire. En effeét il s'en trouua qui demanderent
froidement à vn de nos domeftiques, quel pre-
fent nous auions fait pour fatisfaire aux parens
de la defunéte, que nous auions fait mourir fi
toft, en la baptifant. Ce fuft vn coup du Ciel, de
ce que cefte mort n'efclata pas dauâtage, laquelle fans doute euft efté d'vne confequence plus
finiftre, tant y a que peu de perfonnes en ont
parlé, & la famille Chreftiéne n'a rien perdu de
la confiance qu'elle auoit en nous. Rien ne tenoit tant en ceruelle le bon Iofeph fon beaufre-
re, que l'apprehenfion d'vn cofté, Que cette

mort si soudaine, ne fuft la naiffance d'vne nouuelle perfecution : d'autre part, Que fon petit
nepueu, faute de Nourrice (lefquelles on ne ré-
contre pas icy comme en France) ne la fuiuit toft
apres. Nous venant voir fur le foir il fit fes prieres
accouftumées, lefquelles il accompagna de tout
plein d'actes heroïques de refignation. Mon bõ
Dieu, ie ne fuis qu'en peine (difoit ce Chreftien)
de mon petit nepueu ; conferuez-le mon Dieu
pour voftre feruice. Si vous luy faites la grace
d'atteindre l'vfage de raifon, ie m'oblige dés
maintenant à l'inftruire, car tout mon fouhait
n'eft autre que de le voir vn iour capable de
vous recognoiftre, pour vous honorer & vous
aymer de tout ce que vous luy auez donné.

Pour dire vn mot de Marie Aonnetta fa féme,
elle eft trop heureufe d'auoir rencõtré vn fi bon
Pere en vn fi fidelle mary. Elle fe confeffe fouuent ; ce qui nous fait efperer qu'elle perfeuere-
ra, c'eft qu'elle va rondement & à cœur ouuert ;
de plus elle n'a iamais vefcu dans le libertinage
où fe iettent icy les filles & les femmes. Ce nous
eft vne confolation inexplicable, de ce que les
actions vertueufes de ces noueaux Chreftiens,
contraignent en fin ces peuples d'aduoüer ce
qu'ils ne pouuoit croire, Que les Hurons auffi
bien que les François, peuuent garder la loy de
Dieu. Ils n'ofent plus nous dire que nos pays
font differents ; & que, comme leur terre ne
peut pas leur fournir les fruicts qui croiffent en
France ; auffi ne font-ils pas (à leur dire) capables comme nous, des vertus du Chriftianifme.
Ils n'ont donc plus rien qui les retienne, que leur
infirmité, & la foibleffe de courage, qui manque

autant à plusieurs Chrestiens d'Europe , pour quitter leurs mauuaises inclinations, qu'aux barbares de ce nouueau monde. Nous changeons donc maintenant de batterie , nous resoluant d'entreprendre particulierement les adultes, attendu que le chef d'vne famille estant à Dieu , le reste ne nous fera pas beaucoup de resistence.

CHAPITRE VIII.

Nostre employ pendant tout l'hyuer quand ces peuples sont plus sedentaires.

NOvs auons esté sept des Nostres ceste année parmy ces Peuples , en deux Residences. Le R. P. Iean de Brebeuf nostre Superieur, les PP. Charles Garnier, Paul Ragueneau, & moy en ceste nouuelle du bourg Ossossanë, sous le titre de l'immaculée Côception. Les PP. Pierre Pijart, Pierre Chastellain, & Isaac Iogues à sainct Ioseph à Ihonattiria.

Le peu de temps que nous a laissé l'instruction, & le secours que nous rendons icy aux malades, nous l'auons employé à fonder quelques bons esprits, que nous iugiós les plus dociles & les plus capables d'authoriser la doctrine que nous preschions. Entr'autres la famille de Ioseph a occupé vne bonne partie de nos soins; Dieu nous en ayãt fait present, dés nostre arriuée en ce bourg. L'opinion qu'il a de nous luy fit naistre vn grand desir de sçauoir lire & escrire, comme il nous voyoit faire: il trouua incontinét des Maistres tous pleins de bonne volonté. Il a passé vne bonne partie de

l'hyuer en cét eſtude , auec vne patience , & vne
aſſiduité digne de ſon courage : au reſte , auec vne
telle pureté d'intention , qu'il nous demandoit
n'agueres, s'il y auroit du peché, de deſirer ſçauoir
l'eſcriture, non ſeulement pour pouuoir coucher
par eſcrit ce qui regarde l'aduancement de ſon
ame , mais auſſi les affaires du païs.　Ce trauail n'a
pas eſté inutile: pour l'eſcriture, il y aura vne grande facilité; la lecture luy couſtera vn peu plus. La
difficulté que nous auons eu à luy en expliquer
le ſecret, l'a vn peu retardé : neantmoins nous eſperons que dans peu de temps il en viédra à bout.
Vous ſerez conſolé de receuoir vne de ſes lettres,
ie vous donne deſia parole qu'elle eſt toute de ſa
main. En eſchange le profit a eſté bien grand pour
nous , car en luy ſeruants de Maiſtres pour la lecture, nous nous ſommes façonnez vn bon Maiſtre en la langue ; quand nous luy demandons les
initiales ou finales des mots , ce qui eſt quelquefois quaſi imperceptible, il nous les dit fort diſtinctement ; ſi qu'il nous ſeruira fort, auec l'ayde de
Dieu, pour les coniuguaiſons. Il nous a meſme di-
cté pluſieurs beaux diſcours ſur nos Saincts Myſteres , dans vne ſuite fort iudicieuſe ; mais ſi diſtinctement que vous ne perdez pas vne ſyllabe.

　Le 8. de Decembre , nos Sauuages eſtants de
retour de leur peſche, nous priſmes reſolution de
les enſeigner publiquemét. Or comme les feſtins
ſont les groſſes cloches du païs, nous en fiſmes
vn , auquel nous inuitaſmes les Chefs de chaque
cabane. La compagnie eſtoit d'enuiron cent cinquante perſonnes.　Ils approuuerent noſtre deſſein ; & à les entendre , au moindre mot ils ſe deuoient rendre chez nous. Mais leur peſche ayant

esté fort heureuse, les festins continuels les occu-
perent en sorte nuict & iour, que nous ne pûsmes
les assembler auant le 9. de Ianuier. Ce iour donc
le premier Capitaine secondant nostre dessein, fit
vn festin chez luy, à l'issuë duquel il arresta la
compagnie. Mes Nepueux, leur dit ce bon vieillard, demeurez icy, nous allons tenir conseil, ie
m'en vay y inuiter les principaux, qui ne sont pas
icy. Tous ne furent pas plustost assemblez, que ce
bon homme leue sa voix, & dit; cét Echon qui as-
semble icy le Conseil : or bien que ie ne sçache pas
son dessein, ie iuge pourtant que l'affaire qu'il a à
nous traiter est importante, c'est pourquoy que
tous l'escoutent attentiuement.

Le Pere auoit vne belle occasion, aussi s'en ser-
uit-il tres à propos, & les toucha si puissamment,
qu'vn des Anciens sembla luy reprocher d'auoir
trop differé à leur parler d'vne chose de telle importance, comme est la vie qui nous attend apres
nostre mort : & cela auec vne eloquence qui ne
sentoit rien du Sauuage. Mais côme il deffendoit
vne mauuaise cause, on luy monstra doucement
qu'il se plaignoit à tort de nostre silence. Et ce que
l'assemblée admira le plus, ce fut la repartie de
nostre Ioseph, qui nous seruit icy d'Aduocat : car
ce braue Chrestien reprit courageusement vn de
ses cousins, qui se plaignoit malicieusement, de ce
que pas vn des François n'estoit mort pendant la
contagion. Le remede, disoit-il, dont ils se seruent
c'est de croire en celuy qui a tout fait, il ne tient
qu'à toy de t'en seruir. Nous leur sommes trop
obligez de ce qu'ils sont venus de si loing, pour
nous donner la cognoissance de ce remede si sa-
lutaire, lequel, Dieu mercy, ils m'ont enseigné : ce

m'eſt trop de gloire , de croire comme les François. Le reſte de ſon diſcours va de meſme air en
faueur de noſtre Foy. Ceſte generoſité fut loüée
des plus ſages. Le ſuccez de ce premier conſeil ou
aſſemblée fut ; que ce qu'on y auoit deduit touchant l'Enfer & le Paradis, auoit grandement re-
meuë les conſciences, chacun en tirant les conclu-
ſions que ſa paſſion luy fourniſſoit. Vn vieillard
entr'autres, homme d'eſprit, & reſpecté pour ſon
aage & ſa prudence, teſmoigna au ſortir qu'il ſou-
haitoit fort que nous vouluſſions les aſſembler
ainſi plus ſouuent.

Cependát ſi nous euſmes de la peine à aſſembler
ce premier, le ſecond ne nous couſta pas moins. Il
nous fallut attédre quinze iours , pour obeir aux
ſonges d'vn vieil richard , pour la ſanté duquel ce
bourg eſtoit tous les iours de feſte. En fin le Pere
gaigna le plus conſiderable de tous les Anciens: il
l'engage fortement dans noſtre deſſein : ſçauoir,
qu'il auoit à leur dire des choſes nouuelles de
l'Enfer , & ſur tout comme ce ne ſont pas fables,
ainſi que la pluſpart s'eſtoit imaginé. Donc le 1. de
Feburier, voyla l'auditoire plus beau que deuant,
auec bonne deuotion de preſter l'oreille à noſtre
Predicateur. Il prit le ſujet de ſon diſcours, ſur ce
que, ſi pour eſchaper les mains des Iroquois leurs
ennemis, ils n'eſpargnoient aucune induſtrie ; à
plus forte raiſon deuoient ils ſe tenir ſur leur garde, pour ne tóber vn iour entre les mains d'vn ennemy cruel, qui les tourmentera pour vn iamais.
C'eſt à mon grand regret que ie ne puis icy rapporter la naïfueté du langage, que le Pere poſſede
parfaitement, ſans doute ie iugeay ce diſcours capable de cóuaincre le cœur le plus endurcy. Mais

D iiij

ce qui fut, à mon aduis, le plus perfuafif; ce fut le difcours de ce bon Capitaine, qui pour encherir fur ce que le Pere leur auoit auâcé, loüa tout haut noftre Iofeph, & exhorta ceux du bourg à fe faire inftruire. A tout cela ils redoublent leur Ho, Ho, Ho, ce qu'ils font quand ils agréent la conclufion d'vn Capitaine. Ils demeurent en fuite dans vn profond filence; iufques à ce qu'vn autre vieillard s'adreffant au Pere l'aduertit de tefmoigner fa ioye en plein confeil, attendu qu'il auoit obtenu ce qu'il pretendoit. Nous châtafmes alors l'Hymne, *Veni Creator*, que nous iugeafmes le plus conuenable à cefte rencontre. Les prieres finies, chacun s'entretint vn affez long temps fur le fujet du confeil. Or n'eftoit que ie crains d'eftre ennuyeux, ie coucherois icy les diuers fentimens de ces Barbares; ils butoient tous à ce point, qu'en fin il falloit nous croire, & croire en Dieu! Apres tout, ils adioufterent d'vn commun confentemét, que dorefnauant ils recognoiftroient le Pere Superieur cóme vn des Capitaines de la bourgade; & qu'enfuite, il affembleroit le confeil en noftre cabane toutes & quátesfois qu'il trouueroit bon.

Depuis ce Sermon, nous auons remarqué vn notable changement danstoutes les cabanes: chacun ne parloit plus que de la refolution qu'on auoit prife de Croire. Il s'en eft trouué mefme qui ont fait des feftins exprés, pour faire entendre que toute leur famille defiroit embraffer noftre foy. Quelques eftrangers mefmes ayant fçeu le tout comme il s'eftoit paffé, fe promettoient de fuiure ceux-cy. Mais helas! *Non omnis qui dicit mihi Domine Domine, intrabit in regnû calorum:* ils reffemblent quafi tous à leur bon Capitaine

dont ie viens de parler, cét homme goufte veritablement les veritez eternelles de noftre faincte
creance ; mais il n'eft pas pour fe refoudre en vn
moment à quitter vne vie qu'il meine il y a tant
d'années. Ie le recommande, & tous fes fujets à
ces fainctes Ames de France, à ce qu'il plaife au
Maiftre fouuerain des cœurs de regarder enfin ce
bon vieillard en pitié, car il feroit pour fauorifer
cefte Eglife, naiffante par fon exemple, autant
qu'il l'authorife tous les iours dans les affem-
blées, où il parle de noftre Foy auec aduantage.
Helas ! s'il eft difficile en Europe de conuertir vn
grand Pecheur ; il eft icy encore plus mal aifé de
faire changer de cœur à vn Infidelle ; c'eft battre
l'air, que de luy parler de l'vnité d'vn Dieu. Tous
nos motifs de credibilité qu'on apporte touchant
la venuë du Fils de Dieu fur terre, leur font des
tenebres en plein midy.

Voicy à peu prés ce qui les fait ioindre à la Verité que nous leur prefchons. 1. L'art de coucher
fur le papier les chofes efloignées. 2. La grande
conformité auec la raifon qui fe retrouue en toutes nos maximes. 3. L'vnité de noftre doctrine ;
s'eftonnans qu'on leur dit à Kébec le mefme que
nous leur prefchons icy. 4. Noftre affeurance
à maintenir ce que nous enfeignons. 5. Le mefpris qu'ils nous voyent faire de la mort, & de tous
les dangers qu'il nous faut effuyer. 6. L'auerfion
qu'ils admirent aux François, de toute forte de
fenfualité, à laquelle ils fe laiffent emporter par
vne pente qui leur eft naturelle. 7. L'opinion
qu'ils ont maintenant, que nous ne fommes pas
gens à nous tromper en chofe de fi grande importance. 8. Cefte confiance Chreftienne en la bon-

té de Dieu, qu'on leur monſtre dans les aduerſi-
tez qui ſe rencontrent. 9. Ce principe. Que
l'homme ne s'eſt pas formé ſoy-meſme : & qu'en
ſuite il faut monter iuſques à ſon origine, qui ne
peut eſtre qu'vn Eſtre independant. 10. La vani-
té qu'ils vont deſcouurant en leurs reſueries ordinaires.

Depuis le bon ſuccez de ce conſeil ; la curioſité
de voir nos Images, & d'entendre noſtre chant
attire ces peuples, les Dimanches & les Feſtes en
noſtre cabane, où nous paroiſſons auec nos ſur-
plis pour les prieres publiques. En voicy l'ordre.
N. Superieur commence par vne Oraiſon en leur
langue, qu'il prononce dans le ton ordinaire des
Conſeils. Elle eſt vn peu longue, comme eſtant
faite pour leur inſtruction, auſſi bien que pour
les recommander à Dieu. A meſme deſſein nous
chantons en ſuite le ſymbole des Apoſtres en rhy-
mes du païs. Tout cecy n'eſt que pour les diſpoſer au Catechiſme, où il nous faut autant de va-
rieté qu'en France, car ils ont vniuerſellement
l'eſprit bon. Icy noſtre Ioſeph fait merueilles, car
par fois faiſant du retif, tantoſt de l'ignorant, ores
du Docteur, il donne ſujet à Noſtre Catechiſte
d'expliquer par Dialogue & auec plus de clarté,
ce qui d'ailleurs ne ſe conceuroit qu'à demy. Il
n'eſt pas croyable comme quoy ces demandes &
ces reſponſes leur agréent, & les tiennent dãs l'attention. Suit quelque Hymne de l'Egliſe, pour
finir le tout par vne priere ſur le ton de quelque
air approchant de leurs chanſons qu'ils aiment
fort. Ces Catechiſmes leur plaiſent grandement,
& n'en ſortent quaſi iamais ſans leur acclamation
de ioye & d'approbation, Ho, Ho. Ce qui eſt le

plus admirable pour le païs est, que ny les grands
ny les petits ny ont autre atrait que le desir d'entendre, & la curiosité de voir, aussi nostre pauureté ne suffiroit pas ou aux presents, ou aux festins.
Vn certain aueugle d'enuiron cent ans, voulut à
son tour faire son obiection au Catechisme & apporta la pluspart ds ses resueries ; mais nostre Ioseph luy respondit auec tant de modestie & de
prudence qu'il se fit admirer de tout le monde.
Iamais il n'eût si beau jeu, & c'est de verité à regret que ie tranche ses beaux discours.

Celuy de qui nous esperons de plus apres Ioseph, c'est vn des plus honorables Capitaines. Il
parle de nostre saincte Foy auec honneur, y ex-
hortant la ieunesse. Il se mocque de ses songes, &
se plaist fort à prier Dieu, si qu'il nous inuita n'a-
gueres à vn sien festin ; apportant, pour nous y at-
tirer puissamment, que nous y donnerions la benediction des Chrestiens, & dirions les graces de
l'Eglise : mais nous en estāt dispensez, force nous
fut de luy donner vn de nos domestiques qui sup-
pleroit pour nous le *Benedicite* & les graces qu'il
demandoit. Ce fut-là où ce bon vieillard prit sujet de parler honorablement de nostre bon Dieu
& de sa saincte Loy : attribuant à nos prieres la
bonne pesche qu'il auoit fait ceste Automne. Les
plus touchez d'entr'eux adressent souuent ceste
priere au Ciel. O vous qui auez fait le Ciel & la
terre assistez moy, ie desire me desfaire de tout ce
que vous auez defendu : aydez-moy en cecy &
en cela qui me donne bien encore de la peine.
Dieu vueille benir ces belles semences, qui ne
nous promettent que de bons fruits.

Bref quelques ieunes hommes se rengent chez

nous constamment depuis l'Hyuer, l'inſtruction deſquels nous employe grandement : Ils ſe ſont d'eux-meſmes offerts à nous, auec beaucoup de teſmoignage de bonne volonté. Nous ne preci-piterons pas neantmoins leur bapteſme, à raiſon que nous les mettrions quaſi dans l'impoſſibili-té de trouuer party, n'y ayát point encores icy de ieunes filles bien Chreſtiennes. Iuſques à ce que nous ayons vn bourg qui ſoit tout à Dieu, les mariages de nos nouueaux Chreſtiens nous dó-neront de la peine. Nous recommandons d'af-fection à **V. R.** & à tous nos Peres & Freres ces bons vieillards, leſquels bien qu'ils ne ſoient pas Chreſtiens, ne laiſſent pas de donner vn credit à noſtre ſainéte Foy.

Ce que nous battons maintenant eſt, de leur leuer les difficultez que le diable leur fait naiſtre aux rencontres, ſur leurs ſonges, leurs danſes, ſuëries & feſtins. La raiſon que nous leur alle-guons de noſtre propre experience en tout plein d'idolatres & d'infidelles, cóme ceux fraiſche-ment du Paraquay, les contente le plus ; leſ-quels enfin ont ouuert les yeux à la verité de l'Euangile. Quoy qu'il en ſoit, le plus grand fruiét que nous eſperons de ce pays, ſera, Dieu aydant, dans les conferences particulieres, pour y perſuader ceux que nous iugerons pouuoir gaigner à Dieu. Ce qui n'eſt pas l'affaire d'vn iour. Si nous euſſions eſté le nombre que nous ſouhaiterions en ces commencemens, ie ne doute pas, que le ſalut de ces peuples n'en fuſt de beaucoup plus aduancé.

CHAPITRE IX.

La Residence de S. Ioseph à Ihonatiria.

NOstre Pere Supereur & le P. Chaſtellain qui ont icy paſſé tout l'Eſté, y ont baptiſé onze perſonnes tant adultes que petits enfans. Le Bapteſme de quelques-vns eſt remarquable. Ils eſtoient à la recherche d'vne pauure malade, laquelle d'abord on leur fit morte : cependant ces bonnes gens, gaignez qu'ils furent par quelque gratification, apportent aux Peres deux petits enfans pour eſtre baptiſez, ce qu'ils firent, eu égard à l'eſtat déplorable où eſtoit toute la bourgade. Là deſſus vn d'entr'eux s'aperçoit que celle qu'ils croyoiét defuncte auoit le viſage extraordinairement vermeil, ils apprennent qu'elle n'eſtoit pas encore paſſée, mais bien qu'elle auoit entieremét perdu la parole & l'vſage des ſens. Le deſir qu'ils eurent de la baptiſer leur fit faire vn vœu de trois Meſſes en l'honneur de S. Ioseph. En vn mot elle reuient à ſoy ſuffiſamment pour eſtre inſtruite. Bref, interrogée ſi elle eſtoit contente de receuoir le Bapteſme, ne pouuant parler elle reſpódit fauorablement en portant la main ſur ſa teſte, ils le luy octroyerent, & elle mourut toſt apres.

Vn Sauuage leur vint donner aduis qu'vne pauure femme eſtoit a l'extremité, qui venoit d'arriuer de dix lieuës loing. Par vne heureuſe rencórre pour elle, ils y accourét : ils l'inſtruiſent autát que le téps le pouuoir permettre, elle meurt incontinét apres le Bapteſme. Ils doiuét, ce diſent ils ceſte autre faueur à N. Dame, & à ſon glorieux Eſpoux.

Vn des Noſtres ayant diſpoſé vne petite fille aagée de huict ans pour mourir Chreſtienne, ſans toutefois la baptiſer, ne voyât rien qui preſſat dū coſté de la maladie, quelques heures apres ſes parens la trouuant extraordinairement mal, vinrent appeller le Pere, à ce qu'il luy fit la faueur toute entiere. Elle quitta bien-toſt la vie du corps, pour aller ioüir de celle de l'ame dans le Ciel. Preſque le meſme eſt arriué à vne autre, qui apres ſon inſtruction ſembla chanceler en ſa demande, pour le reſpect du Sacrement; mais le lendemain il luy reſta encore aſſez de temps, pour ſe diſpoſer au S. Bapteſme, & alla voir ſa Patrone S. Eliſabeth.

Voicy deux mots de conſolation. Atſan premier Capitaine de guerre dans tout le païs nous vint voir, & nous demanda inſtamment le Bapteſme. Ayant eu pour reſponſe que ce n'eſtoit pas vne petite affaire, & qu'il falloit eſtre bien inſtruit auparauant: Ie le ſçay bien, dit-il; c'eſt bien mon intention de vous voir plus d'vne fois pour ce ſujet, mais i'ay eſté bien aiſe que vous ſçeuſſiez mes penſées & ma volonté. En effect il ſe mocque deſia de toutes leurs ſuperſtitiós, & ne peut ſouffrir ce qu'il croit eſtre deſplaiſant à Dieu.

Pierre noſtre premier Chreſtien eſtant frappé de la maladie ſe cóporta touſiours en bon Chreſtien; car il n'eut pas recours aux ſotiſes du païs non plus qu'il n'auoit fait pendant l'affliction de ſa famille) teſmoignant touſiours qu'il mettoit toute ſa confiance en Dieu. Auſſi ne luy auons-nous pas manqué au beſoing, tant ſpirituel que temporel, ſelon noſtre heureuſe pauureté. N'agueres vn de nous l'eſtant allé voir, il fit de ſon propre mouuement ce qu'on n'eut pas attédu de luy à l'extremité: car ayant trouué ſon Chapellet à taſtons il baiſa deuotement l'Image de N. Sei-

gñeur & de N. Dame qui estoient à sa medaille,
puis faisant le signe de la Croix, il commença à rouler les grains entre ses doigts, disant sur les gros,
Iesus aye pitié de moy : & sur les petits : Marie ayez
pitié de moy ; entre-coupant souuent sa priere par
des actes de Resignation. Seigneur vous estes le
seul Maistre de nos vies, disposez de la mienne selon vostre saincte volonté. Saincte Marie gardez-
moy ceste nuict. Il a esté exaucé, car il eut vne cri-
se fauorable, qui a esté le cõmencemẽt de sa santé.

Dans nos visites nous auons fait rencontre d'vn
vieillard si touché de ce que nous luy preschions,
qu'il se plaignoit mesme de ce que, disoit-il, on ne
prenoit plus à cœur ceste affaire comme elle meritoit. Il adjousta qu'il estoit resolu de quitter ses
songes, danses & festins superstitieux. Depuis il
nous est venu voir souuent, auec resolution de se
faire Chrestien auec toute sa famille, qui monte
iusques à treize personnes. Nous auons tousiours
remarqué de bonnes inclinatiõs en ceste famille :
les espreuues ferõt voir ce qu'ils ont dans le cœur.

CHAPITRE X.

Bref iournal des choses qui n'ont peu entrer
dans les Chapitres precedents.

VOvs aurez sçeu la risque que courut le Pere
qui arriua icy le premier de Septembre ; &
comme il pensa tomber entre les mains des Iroquois : bon Dieu que ces entre-veuës sont douces!

Le Pere qui est remonté icy ceste année remarque auec raison, que nos Hurons sont loüables,
pour leur humanité par dessus les Algouquins,
car au lieu que ceux-cy s'abandonnent pour l'or-

dinaire les vns les autres dans leur maladie ; les
Hurons au contraire s'incommodent pour affi-
ſter vn malade iuſques à la mort. Il dit les auoir
veu faire des brancarts, & porter par les Sauts
leurs carcaſſes languiſſantes, ſi que s'il arriuoit
que quelqu'vn des leurs mourut, ils l'enſeueliſ-
ſoient & l'enterroient auec autant de ſoing que
s'ils euſſent eſté ſur le païs, au lieu que les Algouquins laiſſent ſouuent les leurs ſans ſepulture.

Il auoit diſpoſé vn pauure malade d'vn autre
canot, qui fut baptiſé auant que mourir par vn
ieune François, qui luy donna le nom de S. Bar-
thelemy à l'occaſion de ſa feſte. Il en baptiſa vn
autre, qu'il eut aſſez de peine à inſtruire, pour ce
que d'autres Sauuages s'y oppoſoient; il mourut
toſt apres, pour porter le nõ d'Auguſtin au Ciel.

Paſſant aux Biſſiriniens, il trouua ceſte pauure
Nation fort affligée de la maladie. Et vn Aren-
ditané entr'autres des plus ſuiuis, qui ſe plaignoit
aux autres, de ce que le meſtier de Sorcier, ce diſoit-il, ne valoit plus rien, attendu que le Mani-
tou ſe mocquoit d'eux, les faiſant mourir auſſi
bien que les autres.

Ahiendaſé l'vn de ces ieunes hommes que l'on
auoit eſleué en N. Seminaire, deſcendant auec
ſon pere aux trois Riuieres pour retourner à Kébec, tomba en danger de mort, & fut baptiſé par
vn de nos domeſtiques, auec vne marque euiden-
te de ſa predeſtination ; car peu apres ſon Pere,
helas ! fut pris au paſſage, & tué par les Iroquois.
Ce ieune homme eſtoit d'vn fort bon naturel, il
ne luy manquoit plus que la faueur que Dieu
luy a faite à la fin de ſa vie. Que ce petit Seminaire a deſia attiré de benedictions celeſtes.

Remarquez

Remarquez que pas vn de nos domestiques n'est monté icy cette année, qui n'ait gagné à Dieu quelque ame par les chemins. Ce sera vn tres-grand bonheur pour cette mission, s'il plaist à Dieu nous donner tousiours des domestiques qui prennent en affection de cooperer, comme ils peuuent beaucoup, à la conuersion de ces peuples. On ne sçauroit croire le grand bien qu'a fait le bon exemple de ceux que nous auons eû depuis 4. ans. Nos Sauuages en parlent auec admiration; & voians que des personnes qui ne portent pas nostre habit, pratiquent neantmoins si exactement ce que nous enseignons, ils font plus d'estat de nostre foy: ce leur pourra estre quelque iour vn motif pour l'embrasser.

Nous fismes nostre petite moisson & nos vandages pour le sainct Autel, au mois de Septembre. La recolte a esté d'enuiron vn demy boisseau de bon froment, c'estoit trop pour le peu que nous auions semé: & d'vn petit barillet de vin, qui s'est fort bien conserué pendant tout l'hyuer, on le trouue encore passable. Trois Prestres s'en seruent il y a tantost six mois.

Nous sommes sur les termes de leuer nostre nouuelle Chapelle: Elle aura 30. pieds de longueur, seize de largeur, & 24. de hauteur. Si Dieu nous fait la grace de voir cét ouurage accomply, ce sera non pas vn des plus grands, mais vn des plus ioly qui ait encore paru en la Nouuelle France.

Vne eclypse de Lune, qui arriua le dernier de Decembre au matin, & dura iusques au leuer du Soleil, qui fût à 7. heures 4. minutes, nous donna icy vn grand credit pour faire approuuer ce que

E

nous croions. Car (leur disions nous) vous auez
veu comme la Lune s'est eclypsée le mesme iour
& au mesme moment que nous auions predit. Au
reste, nous n'eussions pas voulu mourir pour vous
maintenir cette verité, comme nous sommes prests
de faire, pour vous maintenir que Dieu vous brû-
lera eternellement, si vous ne croiez en luy.

Ie ne puis icy rapporter sans rougir les beaux
eloges que certains Capitaines nous donnent en
leurs conseils de guerres , où ils ont coustume de
nous appeller; Nous en esperons de tres bons effects. Desia les chefs du pays font gloire du Christianisme, nous desirans dans leurs bourgades , ils
recognoissent desia les torts qu'ils ont eu de nous
persecuter auec si peu de raison. Ils ont desad-
uoüé publiquement ce qu'ils auoient controuué
du P. Antoine Daniel , si que toute l'assemblée
agrea fort cette reparation d'honneur. Pour le
faire court, nos nouueaux Chrestiens continuent
dans leurs premiers sentimens , ils se con-
fessent & communient auec la deuotion que
nous pourrions souhaitter , ils redoublerent leur
pieté les saincts iours de la Pentecoste, & de la
feste Dieu.

Nous allons en fin transporter la residence de
Sainct Ioseph qui est encores à Ihonattiria, en vne
autre bourgade plus belle & plus grande. Elle est
comme la capitale d'vne nation qui est estroitte-
ment alliée auec celle des Ours , nos meilleurs
amis. Nous vous enuoions le R. Pierre Pijart,
qui vous informera de tout plus en particulier,
comme aussi de tout ce qui nous touche. *Qua circà
nos sunt, quid agamus, omnia vobis nota faciet fi-*

delis minister in Domino, quem mittimus ad vos in hocipsum, vt cognoscatis quæ circa nos sunt, & consoletur corda vestra. Nous nous recommandons tous bien humblement aux Saincts sacrifices & prieres de V. R. & de tous nos P. P. & F. F. & moy sur tout.

*De la Residence de la Conception
au pays des Hurons
Au bourg d'Ossosane ce 9. Iuin
1638.*

Vostre tres-humble &
tres-obeïssant serui-
teur en N. Seigneur
FRANÇOIS IOSEPH
LE MERCIER.

Extraict du Priuilege du Roy.

PAR Grace & Priuilege du Roy il est permis à
Sebastien Cramoisy, Marchand Libraire Iuré
en l'Vniuersité de Paris, & Imprimeur ordinaire
du Roy, Bourgeois de Paris, d'imprimer ou faire
imprimer vn Liure intitulé, *Relation de ce qui s'est
passé en la Nouuelle France en l'année mil six cens
trente huict, Enuoyée au R. P. Prouincial de la
Compagnie de IESVS en la Prouince de France.
Par le P. Paul le Ieune de la mesme Compagnie,
Superieur de la Residence de Kébec:* & cependant
le temps & espace de dix années consecutiues.
Auec defenses à tous Libraires & Imprimeurs
d'imprimer, ou faire imprimer ledit Liure, sous
pretexte de déguisement, ou changement qu'ils
y pourroient faire, à peine de confiscation & de
l'amende portée par ledit Priuilege. Donné à Paris le 14. iour de Decembre 1638.

Par le Roy en son Conseil,

DEMONCEAVX.

Permission du P. Prouincial.

NOus ESTIENNE BINET, Prouincial de la Compagnie de IESVS en la Prouince de France, auons
accordé pour l'aduenir au sieur Sebastien Cramoisy,
Marchand Libraire, Imprimeur ordinaire du Roy, l'im-
pression des Relations de la Nouuelle France. Faict à
Paris le 15. Mars 1638.

ESTIENNE BINET.